CARLOS CUAUHTÉMOC SÁNCHEZ

EIN VERZWEIFELTER SCHREI

ROMAN ZUR WEITERENTWICKLUNG
FÜR ELTERN UND KINDER

Aus dem Spanischen und mit Kommentar von
CHRISTOPH MÜLLER

Hesper-Verlag

© CUAUHTÉMOC SÁNCHEZ
2. Auflage: 2013, Hesper-Verlag

Layout: Elisa Bell
Übersetzung: Christoph Müller
Cover: Patrick Horn, www.horn-mueller.de
Korrektur: Torsten Schütz
Kontakt: www.hesper-verlag.de

Originaltitel: Un grito desesperado

ISBN 978-3-9813262-1-5
Alle Rechte vorbehalten

INHALT

1. Die Verwandlung — 7
2. Der Diebstahl der Aktentasche — 14
3. Außergewöhnliche Dokumente — 21
4. Überfall auf die Schule — 29
5. Drei Schritte zu umfassender Verbesserung — 36
6. Aufruhr im Klassenzimmer — 43
7. Die Prioritätenskala der wichtigsten Menschen im Leben — 49
8. Das emotionale System — 58
9. Eine brüderliche Umarmung — 67
10. Nur fünf Gesetze — 74
11. Das Gesetz des Beispielgebens — 82
12. Das Gesetz der bedingungslosen Liebe — 90
13. Das Gesetz der Regeln der Disziplin — 99
14. Die Regeln der Familie Yolza — 109
15. Das Gesetz wahrer Kommunikation — 116
16. Ein verzweifelter Schrei — 124
17. Wiedertreffen — 134
18. Das Gesetz der spirituellen Entwicklung — 141

Vorwort im Nachwort — 151

Einführung — 154

Vorwort des Übersetzers

Als ich mich 2006/2007 in Südamerika aufhielt, wo ich als Lehrer arbeitete, war ich betroffen von mangelnder Disziplin und unzureichendem Lernwillen vieler Schülerinnen und Schüler meiner damaligen Schule, die aus der oberen Mittelschicht der städtischen Gesellschaft stammten, also aus sehr privilegierten Verhältnissen. Deshalb waren Lehr- und Lernniveau wesentlich niedriger, als sie hätten sein können, und die Lehrertätigkeit erschöpfte mich. Eine ähnliche Situation fand ich in Deutschland als Hauptschullehrer vor. Sie war für mich sehr unbefriedigend, da sie so wenige Erfolgserlebnisse für beide Seiten brachte und viele Schüler hoffnungslos scheiterten.

Eine südamerikanische Freundin, der ich häufig von meinen Erlebnissen und Erfahrungen als Lehrer erzählte, schenkte mir ihr Exemplar von „Un grito desesperado" des mexikanischen Autors Carlos Cuauhtémoc Sánchez, ein Buch, das in Lateinamerika sehr bekannt ist und Millionen von Menschen bewegt hat. Beim Lesen dieses Buches war ich beeindruckt, wie es dem Autor Sánchez gelungen war, einen Ratgeber zur Verbesserung der Beziehungen zwischen Eltern und ihren Kindern zu schreiben, und zwar nicht in Sachbuchform, sondern eingebettet in die spannende und berührende Geschichte zweier Familien: der Familie der Schüler Gerardo und Saúl und der ihres Schulleiters, Herrn Yolza.

Beim Lesen dieses Buchs liefen mir des Öfteren die Tränen, so sehr ergriff mich die Geschichte und weckte viele Erinnerungen in mir. Da ich nach der Lektüre überzeugt war, die Gedanken von Carlos Cuauhtémoc Sánchez könnten auch für deutsche Jugendliche und Erwachsene wertvoll sein und Schülerinnen wichtige Anregungen geben, wie sie ihr schulisches Verhalten und ihren Leistungswillen hin zu größerem Erfolg entwickeln könnten, beschloss ich, „Un grito desesperado" ins Deutsche zu übersetzen.

Nach einem Vortrag vor mehreren tausend Menschen, bei dem mich die beeindruckende Ausstrahlung von Carlos Cuauhtémoc Sánchez genauso begeistern konnte wie seine Fähigkeit, viele Menschen durch seine Präsenz und die lebendige Art der Darstellung seiner Ideen zu fesseln, einigte ich mich mit dem Autor auf eine Veröffentlichung seines Buches in deutscher Sprache.

Ich habe mich bei der Übersetzung von der Vorgabe leiten lassen, möglichst originalgetreu die spanische Ausgabe wiederzugeben und dennoch einen im deutschen Ohr wohlklingenden Text zu schaffen. Von daher können die spanische und die deutsche Ausgabe sehr gut parallel gelesen werden.

Die besondere Leistung von C. C. Sánchez besteht nicht darin, gänzlich neue Ideen zur Erziehung entwickelt zu haben, sondern sie auf eine Weise zusammenzufassen, die in der Klarheit der Darstellung unzählige Menschen in Lateinamerika angesprochen hat, die sich niemals diesen Gedanken auf einem hohen philosophischen Niveau und mit Hilfe mehrerer verschiedener, eher nüchtern geschriebener Sachbücher angenähert hätten.

Um es mit den Worten des Buches auszudrücken: „Hab keine Angst, etwas zu sagen, was bereits gesagt worden ist. Deine ganz spezielle Weise, dich mitzuteilen, kann für viele mächtiger und aufschlussreicher sein als alle die Arten, die sie vorher kennen gelernt haben. Gott kann deinen einzigartigen Stil, dich auszudrücken, benutzen, um irgendein verlorenes Leben zu retten."

Beim Lesen darf man jedoch nie aus den Augen verlieren, dass Carlos Cuauhtémoc Sánchez Mexikaner und seine Art zu schreiben blumiger als die deutsche ist. Sein Denken ist getragen von tiefer Religiosität. Ich bin überzeugt, dass dies von den deutschen Lesern und Leserinnen akzeptiert wird, auch wenn viele eine andere Art der Spiritualität leben oder sie gar verloren haben. Sie werden mit diesem Buch aufs Innigste hingewiesen, dass das Leben ohne Eingebundensein und Glauben an das Göttliche in der Welt nicht gelingen kann, welcher Art dieser auch sein mag.

Noch ein weiterer Gedanke: In den letzten Jahren befasst sich die öffentliche Diskussion verstärkt mit den Themen „Wiedererlangung von Werten" und „Disziplin". Carlos Cuauhtémoc Sánchez hat dazu eine klare Haltung. Er predigt keinen unbedingten Gehorsam, sondern die Notwendigkeit von klaren Regeln und deren Verbindlichkeit für alle Mitglieder - entsprechend ihrem Alter und damit ihrer Fähigkeit, Verantwortung übernehmen zu können.

Mit der vorliegenden Ausgabe liegt nun die erste deutsche Übersetzung eines Werkes von Carlos Cuauhtémoc Sánchez vor. Mich würde es freuen, wenn sie auch im deutschsprachigen Raum Menschen Anregungen geben und sie berühren würde, so wie sie unzählige südamerikanische Schüler und Eltern bewegt hat.

Ich danke Sabine Glocker vom Hesper-Verlag aus Saarbücken ganz herzlich für ihre Geduld, ihre Begeisterung und ihr Engagement, die erstmalige Veröffentlichung eines Buches von C. C. Sánchez in deutscher Sprache zu ermöglichen, um diesen Autor auch dem deutschsprachigen Publikum bekannt zu machen.

Danke auch an Freunde und Bekannte in Südamerika und Deutschland, die mir bei der Übersetzung mit wertvollen Tipps Hilfe leisteten. Und an Barbara, die sich einige Male trotz ihres permanent überquellenden Schreibtisches die Zeit nahm, mir mit ihrem fachkundigen Rat als Lektorin beizustehen.

Zu guter Letzt ein herzliches Dankeschön an Martina für ihre hervorragende redaktionelle Überarbeitung.

Christoph Müller, Saarbücken im Mai 2010

1. DIE VERWANDLUNG

Mein Liebling:

Ich habe mich im Bett hin und her gewälzt in dem vergeblichen Versuch, der Schlaflosigkeit zu entrinnen. Vor einigen Minuten bin ich aus der Ruhelosigkeit zwischen den Bettdecken aufgestanden, um Stift und Papier zu suchen. Dir zu schreiben, erscheint mir als letztes Mittel, das mir in dem heftigen Kampf um die Kontrolle meines durcheinanderwirbelnden Geistes bleibt.
Ich habe nicht die geringste Ahnung, was ich ab morgen beruflich tun werde, ob du weiterhin als Lehrerin arbeiten wirst, ob wir den Mut haben, noch länger hier zu leben und ob ich irgendwann das Vertrauen in die Menschen wiederfinden werde, um ihnen in meinen Seminaren Ratschläge von Herzen zu geben. Das Einzige, was ich sicher weiß, ist, dass ich morgen, wenn es hell wird, nicht mehr derselbe sein kann.
Dies ist die erste Nacht, die wir nach der Tragödie wieder zu Hause verbringen. Es ist der Schlusspunkt einer Geschichte, die sich in drei Tagen der Angst, Unsicherheit und des Wehklagens zugetragen hat.
Natürlich warst du die Hauptperson in diesem Drama. Aber möchtest du auch wissen, wie ich die Ereignisse von meiner Warte aus erlebt habe?
Ich hielt gerade ein Seminar über „zwischenmenschliche Beziehungen", als mich die Sekretärin unterbrach:
„Professor", rief sie, noch bevor ich nahe genug zu ihr gehen konnte, damit die Kursteilnehmer nicht mithörten. „Ihre Frau! Sie haben gerade aus dem Metropolitan-Krankenhaus angerufen! Sie hatte einen Arbeitsunfall."
„Wie?", fragte ich erschrocken. „Das ist doch ein Scherz?"
„Nein, ich glaube nicht, Herr Yolza. Eine ihrer Kolleginnen rief an, ein Schüler hätte Ihre Frau angegriffen, und sie sollten dringend kommen."
Ich verließ den Raum wie ein Blitz, ohne mich von den Zuhörern zu verabschieden. Mit ungeschickten Bewegungen stieg ich ins Auto und begann die überstürzte Fahrt zum Krankenhaus. Weder bemerkte ich rechtzeitig den Taxifahrer, mit dem ich auf einer Kreuzung fast zusammengestoßen wäre, noch den Bus, der nur wenige Millimeter neben meiner Autotüre mit kreischenden Bremsen anhielt, als ich ein verbotenes Fahrmanöver machte.
Wie war es nur möglich, dass dich ein Schüler angegriffen hatte? Man konnte doch wohl davon ausgehen, dass du Lehrerin an einer der besten Schulen warst.
Ich parkte das Auto in zweiter Reihe, stieg kopflos aus und lief zur Rezeption des Krankenhauses. Auf Anhieb erkannte ich drei Kolleginnen deiner Schule wieder, die in den Wartestühlen Platz genommen hatten. Als sie mich kommen sahen, standen sie auf.

„Es war ein Unfall", sagte eine gepresst, als wolle sie Verantwortlichkeit von sich weisen.
„Der Junge, der sie geschlagen hat, ist bereits der Schule verwiesen worden", fügte eine andere hinzu.
„Der sie geschlagen hat? Wohin hat er sie geschlagen?"
Die Lehrerinnen blieben stumm, ohne mir weitere Informationen zu geben.
„In den Bauch", sagte schließlich eine, die ihr Entsetzen nicht verbergen konnte.
Ich schloss die Augen und versuchte die unsagbare Wut zu kontrollieren, die diese drei Worte in mir hervorriefen. Vor lauter Sorge, du könntest verletzt worden sein, hatte ich das Wichtigste völlig vergessen. Mein Gott! Du warst schwanger!
„War es wirklich ein Unfall?", fragte ich und fühlte, wie mir das Blut in meinen Adern den Blick trübte.
„Gut ... ja", stotterte eine ihrer Freundinnen. „Der Junge hatte sie seit einiger Zeit belästigt ... Aber davon haben wir erst heute erfahren."
Mehr wollte ich nicht mehr hören. Ich stürmte los, direkt zur Notaufnahmestation. Schon von weitem sah ich deine Frauenärztin. „Doktor!", rief ich, eine Hand erhoben, während ich auf sie zuging. „Warten Sie bitte. Wie geht es meiner Frau?"
„Kritisch", antwortete sie kühl. „Wir werden sie in einigen Minuten operieren."
„Kann ich sie sehen?"
„Nein!" Und sie begann sich zu entfernen.
„Und das Kind? Werden sie es retten können?"
Sie schüttelte verneinend den Kopf.
„Ich bedauere, Herr Yolza."
Ich blieb wie eingefroren an die Wand des Gebäudes gelehnt.
Das konnte doch nicht passiert sein! Das was doch nicht richtig! Es war einfach undenkbar!
Dein Arzt hatte dir erlaubt, halbtags zu arbeiten, unter der Bedingung, vorsichtig zu sein und Aufregung zu vermeiden.
Trotz des Wissens, dass es sich um eine riskante Schwangerschaft handelte, hatte ich zugestimmt! Aber wer hätte sich vorstellen können, dass dich ein Verrückter schlagen würde? Und es fehlten nur noch drei Monate bis zur Geburt!
Ich lief durch die Korridore und betrat wie ein Eindringling verbotene Bereiche. Da hier unsere zwei anderen Kinder geboren worden waren und ich bei beiden Geburten dabei gewesen war, kannte ich mich im Krankenhaus sehr gut aus. In der Hoffnung, dich zu sehen, beugte ich mich über einen quadratischen Lichteinlass in der Decke, durch den ich in das Innere des Operationssaales schauen konnte. Ich musste nicht lange warten, um zu sehen, wie sie dich auf einer Trage hereinbrachten ... es war eine Horrorszene. Du lagst auf dem Rücken, im rechten Arm die Kanüle der Serumflasche, im Mund einen Sauerstoffschlauch. Und schienst tot zu sein, wie eine „voluminöse Masse" daliegend, vorher überquellend vor Leben und nun erschreckend starr unter der keimfreien Decke, mit der dein

*Bauch bedeckt war. Ich war völlig außer mir, durchdrungen von Schmerz und wie erstarrt vor Betrübnis.
Was hatte man dir nur angetan? Und warum? Natürlich ist es wahr, dass viele der heutigen Jugendlichen impulsiv, unreif und unbewusst sind, so dass mittlerweile selbst in die besten Schulen solche hineinkommen, die zu schlimmsten Gewalttaten im Stande sind. Aber dass jemand zu dem, was man dir, was sie uns angetan hatten, fähig war? Ich fühlte, wie sich die Tränen in meinen Augenlidern ansammelten.
Mein Schatz. Als ich mit ansehen musste, wie sie dich zur Operation fertig machten, schwor ich, meinen Platz mit dem deinigen zu tauschen, wenn ich nur irgendwie könnte.
„Verzeihen Sie, mein Herr, aber hier können sie nicht bleiben!", sagte ein riesiger Mann in der Kleidung des Wachpersonals, mich freundlich, aber beharrlich von meinem Platz Richtung Wartesaal drängend. Und das Warten dort war wie eine unendliche, mein Herz töten wollende Strafe. Stundenlang bekam ich keine Informationen über deinen Zustand.
Mehrere Male ging ich nach draußen, einerseits in der Hoffnung, die frische Luft würde irgendwie den Schmerz meiner Beklemmung lindern, und andererseits, um die Nähe zu deinen Arbeitskolleginnen zu vermeiden.
Ich erlebte unsagbare Momente, glaubte, dich zu verlieren. Du wurdest zweimal operiert und warst über fünfzehn Stunden unter Beobachtung.
Heute Nachmittag endlich entließen sie dich.
Du verließt das Krankenhaus, von meinem Arm gestützt, aber mit gesenktem Kopf und bedrückter Seele.
Nicht nur das Baby hatten wir verloren, du warst auch noch unfruchtbar geworden.
Auf dem Weg nach Hause sprachst du kein Wort. Ich auch nicht. Welche Worte wären auch in der Lage gewesen, den Kummer auszudrücken, den diese bittere Erfahrung hervorrief? Welcher Balsam hätte die Qualen dieser eiternden Wunde lindern können? Es gab keinen. Vielleicht das Schweigen.
Als wir die Tür unseres Hauses öffneten, befanden wir uns in absoluter Stille. Die Kinder schliefen bereits. Wir schalteten die Lichter an, und die stummen Möbel schienen uns ein mitfühlendes Willkommen zu geben. Du hast mir Kaffee und Brot angeboten. Die Stimmung war von Kummer erfüllt. Wir hatten keine Lust auf Essen, aber es war einfach ein Teil der nötigen Routine, um zur Normalität zurückzufinden.
„Was für ein großes Unglück, nicht wahr?", sagtest du, das Schweigen brechend. Ich antwortete nicht. Es fiel uns schwer, wieder miteinander zu reden. Wenn uns im Krankenhaus einmal nicht die Ärzte störten, hatten das Familienangehörige oder Freunde getan.
Nun waren wir alleine.*

„Was ist denn genau passiert?"
„Das, was du bereits weißt, mein Liebling. Ein Schüler aus meiner Sprachenklasse hat mich geschlagen."
„Aber wie kam er dazu? Man hat mir gesagt, dass er dich seit einiger Zeit belästigte und du es niemandem mitgeteilt hast. Nicht einmal mir!"
„Es war ein verwirrter und ängstlicher Jugendlicher. Ich dachte, er bräuchte Hilfe und Verständnis. Ich wollte ihm helfen. Niemals hätte ich geglaubt, dass er auf eine solche Weise reagieren würde."
Ich stand wütend auf, fühlte, wie mir das Blut den Blick trübte und ging heftig atmend, mit den Händen am Kopf, von einem Ende der Küche zum anderen.
„Aber wie konnte das passieren? Wir beide wünschten uns die Geburt dieses Kindes wie nichts anderes auf der Welt. Wie konntest du dir nur erlauben, ein solches Risiko einzugehen, um einem Verrückten zu helfen? Und noch schlimmer, wie konntest du ein solches Problem unterschätzen?"
„Mach mir deswegen keinen Vorwurf, es war ein Unfall. Wer hätte sich vorstellen können, dass der Junge so weit gehen würde?" Und deine Stimme erstarb in einem Ausdruck enormen Schmerzes.
Als ich dich so betrübt sah, bremste ich meinen wachsenden Ärger. Du warst es schließlich, die die Qual des chirurgischen Eingriffs erlitten hatte. Aus deinem Körper und nicht aus meinem haben sie dieses kleine Wesen herausgenommen, dass sich von deinem Blut ernährte. Mit anderen Worten: Du warst die Mutter. Niemand auf der Welt war mehr durch den Verlust dieses Babys physisch und psychisch mitgenommen! Es war ungerecht, dich zusätzlich auch noch zu beschuldigen.
Ich setzte mich wieder und versuchte mich zu beruhigen. Schweigend aßen wir den Rest des Abendessens. Ich nahm von meinem Kaffee einige kleine Schlückchen, mehr aus Aufmerksamkeit denn aus Lust. In meinem Gehirn fügten sich nach und nach die verschiedenen Arten aneinander, wie ich mich rächen könnte. Zuerst würde ich eine Waffe besorgen und dir beibringen, wie man damit umgeht. Dann würde ich den Jungen wegen Mordes anklagen und nicht eher ruhen, bis ich ihn im Gefängnis sähe, zu der härtesten Strafe verurteilt, die für dieses Verbrechen möglich ist. Als Drittes würde ich die bescheuerten Kurse über „Positives Denken" aufgeben und beruflich etwas radikal anderes machen. Als viertes ...
Ich konnte vor lauter Erregung einfach nicht ruhig sitzen und erhob mich von neuem.
Als Viertes musste ich diesen Schlag außer gegen den Jungen auch gegen andere Unholde führen. Schließlich reichte es nicht, einen Schuldigen aus der Gesellschaft zu entfernen, wenn gleichzeitig überall Millionen ähnlich schäbiger Jugendlicher heranwuchsen.

Ich betrachtete mein unrasiertes Gesicht in der spiegelnden Oberfläche der glänzenden Küche, und mir wurde zum ersten Mal bewusst, dass ich seit drei Tagen dieselbe Kleidung trug.
„Ich möchte ein Bad nehmen."
Du nicktest, ohne ein Wort zu sagen. Zu deinem Schmerz über den plötzlichen Verlust des Kindes kam nun auch noch die Bestürzung über meinen gefährlichen Groll und mein krankhaftes Verlangen nach Vergeltung dazu, wie du sie niemals vorher bei mir erlebt hattest.
Ohne weitere Umschweife bedankte ich mich für den Kaffee und ging auf direktem Wege zur Dusche.
Ich stellte mich unter das warme Wasser, ließ mir das göttliche Nass über Kopf und Körper laufen und entspannte mich allmählich. Mit geschlossenen Augen blieb ich unbeweglich wie eine Statue, die lediglich ein wenig zusammenzuckt, wenn sie den Regen auf ihre Schultern fallen spürt.
Eine Zeitlang verharrte ich in dieser Position, ohne an etwas zu denken.
Dann hörte ich die Tür des Badezimmers aufgehen und konnte durch den weißen Kunststoff deine schemenhafte Gestalt eintreten sehen.
Ich schob die gleitende Duschwand zurück und sah dich direkt am Waschbecken stehen.
Du hattest dein Nachthemd angezogen.
„Bist du gekommen, um Gute Nacht zu sagen?"
„Nein."
Der Wasserdampf begann dich allmählich einzuhüllen. Ich ließ das Wasser weiterlaufen.
„Du machst mir Sorgen, Liebling", murmeltest du.
„Und du mir", antwortete ich. „Das, was dir passiert ist, ist so schrecklich."
Du bliebst schweigend und betrachtetest mich zärtlich. Du wusstest, dass das nicht die Wahrheit war. Wenn ich wirklich wegen deines Schmerzes betrübt gewesen wäre, hätte ich dir meine Hilfe angeboten, so, wie ich es immer gemacht habe, wenn du irgendein Problem hattest.
„Verflucht!", murmelte ich und gab einen heftigen Faustschlag gegen die Wand. „Das hätte nicht passieren dürfen!"
„Aber es ist passiert! Jetzt müssen wir uns wieder erholen, um nicht noch mehr zu verlieren, als wir schon verloren haben. Wir haben immer noch zwei lebendige Kinder! Ist dir das klar?"
Ich fühlte mich hundeelend und rieb mir heftig das Gesicht.
„Nichts wird wieder so sein wie vorher. Ich fühlte die Bosheit durch meine Adern fließen."
„Nein, nein", gabst du zurück. „Der Junge, der mich angegriffen hat, ist das Produkt einer verkommenen Gesellschaft und vielleicht das Ergebnis einer verdorbenen Familie. Du bist das Haupt dieser Familie, und wenn ich du dich von

dem Verlangen nach Rache, das du in deinen Adern zu spüren glaubst, leiten lässt, kannst du sicher sein, dass unsere Kinder früher oder später wie dieser Jugendliche enden werden, im Sumpf versinkend, der sie draußen erwartet."
„Mein Schatz", flüsterte ich. Die Worte wollten kaum den Mund verlassen. „Ich kann doch nicht mit verschränkten Armen dasitzen, nachdem man eines unserer Kinder getötet hat."
„Aber versteh doch, es war nicht mit Absicht!"
„Und verstehst du ... ?" Aber ich blieb mit dem Ende des Satzes in der Luft. Was verstehen? Großer Gott. Ich wollte einfach nur weinen.
Plötzlich ging mir der große Irrtum auf: Ich hatte meine Lebensarbeit Angestellten von Firmen gewidmet, um ihnen Möglichkeiten zu ihrer Verbesserung zu vermitteln, aber es waren eigentlich andere Menschen, die wirklich genau das brauchten.
„Mein Liebling", sagtest du sanft zu mir. Und in diesem Moment wusste ich nicht, weshalb ich trauriger war: wegen des toten Babys oder deines Verhaltens mir gegenüber.
Diese letzte Bemerkung hatte mich endgültig besiegt. Ich spürte, wie meine Kräfte schwanden und mit den Kräften mein Zorn. Ich wollte dich umarmen, aber du warst bekleidet und trocken und ich stand nackt und nass unter der Dusche.
„Verzeih mir", brachte ich endlich hervor. „Ich sollte mich nicht so aufführen, denn in all dem Schlimmen, das passiert ist, liegt auch etwas Wunderbares: dass ich dich jetzt noch viel mehr liebe."
Meine Stimme klang traurig. Eine Träne lief mir über die Wange und vermischte sich sofort mit dem Wasser, das über mich lief.
Nervös nähertest du dich. Der Wasserstrahl, der auf meinen Körper schlug, begann dich nass zu machen, aber dir war das egal.
„Weißt du...?", sagte ich zu dir. „Als du im Operationssaal lagst, schwor ich, meinen Platz mit deinem zu tauschen, wenn ich nur könnte."
Du ertrugst diese Worte nicht, und ich ertrug nicht länger deinen süßen Blick.
Ich streckte die Arme nach dir aus, und du, bekleidet wie du warst, warfst dich in sie hinein.
Das Wasser der Dusche prasselte auf dich und durchnässte dich total. Du drücktest dich an meinen Körper und suchtest meine Wärme. Ich liebkoste deinen Hals und deine Schultern mit fast verzweifelter Zärtlichkeit. Dann begann ich deinen Morgenrock aufzuknöpfen und ließ ihn sanft nach unten gleiten, während ich dich küsste.
Ich knetete deine Haut zärtlich, aber mit Kraft, und du begannst heftig zu weinen, dein Gesicht an meiner Brust reibend. Uns erfüllte nicht einfach nur Sinnlichkeit, sondern etwas Höheres. Etwas, das wir so niemals vorher gespürt hatten. Es war das Wunder einer äußerst schmerzlichen, aber außergewöhnlichen Verwandlung.
In diesem Moment, einer in dem anderen aufgelöst, flüstertest du mir zu, dass dir

weder der Verlust des ungeborenen Kindes noch irgendetwas anderes, was dir in Zukunft passieren könnte, etwas bedeuten würde, wenn wir nur zusammenblieben.
Ich brauchte dir keine Antwort darauf zu geben, weil du wusstest, dass ich genauso dachte. Verschmolzen in einem langen Kuss waren wir beide, du und ich, wieder eine einzige Seele.

2. DER DIEBSTAHL DER AKTENTASCHE

Das perfekte Schriftbild glänzte vor mir. Ich überflog es mit großem Misstrauen. Die Lektüre hatte bei mir einen seltsamen metallischen Geschmack am Gaumen hinterlassen. Wer hätte gedacht, dass ich in dieser gestohlenen Aktentasche so persönliche Dokumente finden würde?
Waren alle so...?
Ich wusste, dass die Schule, die ich besuchte, ursprünglich ein Fortbildungszentrum für Firmen gewesen war. Noch bis heute gaben sie Kurse über die „Prinzipien zum Erfolg", „Zwischenmenschliche Beziehungen" und „Persönlichkeit", aber seit ungefähr fünf Jahren waren das Hauptinteresse der Einrichtung nicht mehr diese Kurse, sondern intensive Oberstufenklassen. Hatte der Wechsel in der Ausrichtung irgendeine Beziehung zu der schmerzlichen Erfahrung, auf die sich der Autor dieses Briefes bezog? Könnte sein.
Aber wenn es so war, würde mich das nicht erschüttern. Tatsächlich gab es überhaupt wenige Dinge, die mich erschüttern konnten, vielleicht überhaupt keine.
Ich war gewöhnt, zu reagieren wie die „soziale Last", der „potentielle Verbrecher", der zu sein sie mich überzeugt hatten. Trotzdem missfiel mir manchmal meine Rolle. Irgendwie bewegt durch einen besonderen Umstand hatte ich das Gefühl, nicht ganz so schlecht zu sein. Und die Lektüre dieses Briefes hatte in mir ein solches Gefühl wachgerufen.
Ich schüttelte ärgerlich den Kopf und warf die Akte in den Kleiderschrank. Sicher war das ganze Geschriebene nichts weiter als eine Fantasterei dieses Mannes, den ich außerordentlich hasste. In mein Verständnis passte die Vorstellung nicht hinein, dass jemand zu solch noblen Gefühlen fähig sein könnte. Und bestimmt nicht er! Ich tröstete mich mit passenden Gedankengängen: Wenn dieser Brief der Wahrheit entsprach, dann war der Direktor meiner Schule ein fanatischer Scheinheiliger oder ein ausgewiesener Homo. Genau!
Um schildern zu können, wie es zum Diebstahl dieser Aktentasche kam, muss ich zuerst von einer äußerst wichtigen Person in jener Zeit meines Lebens sprechen: meinem Bruder Saúl.
Er war ein ziemlich unberechenbarer Typ. Seine Rolle als älterer Bruder nahm er sehr ernst, einschließlich des Privilegs, Laura und mich täglich zurechtzuweisen. Wenn wir ihn herausforderten, verwandelte er sich unmäßig und sprach tagelang mit niemandem. Häufig diskutierte er mit dem Tyrannen Papa und tröstete die Märtyrerin Mama, aber dadurch wurde zu Hause nichts besser. Meine Ratschläge, die Dinge so zu nehmen, wie sie nun mal sind, verstand er einfach nicht. Er war wirklich ein seltenes

Subjekt, hatte aber insgesamt meine geheime Bewunderung. Er liebte es, bis spät in die Nacht Gitarre zu spielen und schrieb Gedichte, worüber sich meine Freunde und ich sehr belustigten.
Eines Morgens spielten ihm seine Kumpel einen Streich, den er selbst geplant und zugelassen hatte, was allerdings unglaubliche Folgen hatte:
Sie sperrten ihn zusammen mit einem Mädchen in der Toilette ein, verschlossen die Außenriegel mit einem riesigen Vorhängeschloss und warfen den Schlüssel in die Abflussrinne.
Das Gezeter schallte in allen Gängen wider. Es gab Applaus, Gegröle, Geschrei. In wenigen Minuten hatte die ganze Schule erfahren, dass sich Saúl und seine Freundin alleine in der Toilettenanlage aufhielten und wer weiß was für Schweinereien machten.
Man musste einen Schlosser rufen, um die Tür zu öffnen, und da es unmöglich war, die Komplizen dieser originellen Untat ausfindig zu machen, hielten sie die beiden verliebten Protagonisten im Rektorat fest.
Ich ging zu den Büros, in der Erwartung, sie würden sie nach einer eindringlichen Ermahnung wieder gehen lassen. Doch die Angelegenheit verkomplizierte sich: Sie riefen meinen Vater an. Niemals zuvor hatten sie das gemacht! Er betrat die Eingangshalle der Schule mit zur Schau gestellter Überheblichkeit, hatte sich nicht einmal den weißen Kittel ausgezogen, so dass man ihn als bei der Arbeit erkennen musste.
„Ich bin Doktor Hernández", schrie er die Sekretärin an. „Sie haben mich angerufen, um mir mitzuteilen, sie würden meinen Sohn der Schule verweisen. Ich habe viele Patienten und kann mir keine Warterei leisten. Wenn Sie die Güte hätten, mich auf der Stelle beim Direktor anzukündigen."
Der Schulleiter kam heraus, um den skandalösen Besucher zu empfangen.
„Treten Sie bitte ein. Saúl ist hier, zusammen mit seiner Freundin."
Ich blieb draußen, versuchte zu verstehen, was sie im Privaten sprachen. Es war nicht schwierig. Papa nahm die Verweise entgegen, machte große Anstalten, fragte theatralisch, wie so etwas möglich sein könne. Mein Bruder erhob die Stimme, um sich zu verteidigen, und wurde daraufhin heftig geohrfeigt, direkt vor dem Schulleiter und seiner Freundin. Dann gab es einen Moment, in dem man überhaupt nichts hörte. In dieser Stille stellte ich mir vor, dass das Mädchen heftig weinte, der Schulleiter wie zu Eis erstarrt war wegen der unglaublichen Aggressivität, deren Zeuge er gerade geworden war, und mein Bruder stoisch den Schmerz der Erniedrigung ertrug.
Einige Minuten später öffnete sich die Tür des Büros, und Saúl kam heraus, hinter ihm Papa.

„Wohin glaubst du, gehen wir, Söhnchen?" Während er dies sagte, hielt er ihn am Ohr fest.
Saúl schwitzte, und sein Gesicht war außergewöhnlich rot. Er befreite sich aus der ihn wie eine Pranke niederdrückenden Hand und begann nach draußen zu gehen, ohne etwas zu sagen.
„Einen Moment! Halt an oder du bereust es dein ganzes Leben!"
Auf der Straße beobachten wir Schüler die schmerzliche Szene, wie der Erwachsene versuchte, den Jugendlichen festzuhalten, indem er ihn an den Haaren zog, während sich dieser heftig verteidigte und geschickt löste, um sich dann mit schnellen Schritten von diesem Ort zu entfernen. Saúl kehrte nicht nach Hause zurück. Niemand wusste, wohin er gegangen war.

Die Folgen waren, dass Papa alle Autoritäten der Stadt bitten musste, über den Flüchtling zu berichten, Mama untröstlich am Weinen war und Laura und ich uns an die aufregende Neuigkeit gewöhnten, dass der Erstgeborene das Nest verlassen hatte. Wir konnten nicht glauben, dass er so viel Mut gehabt hatte, und mit diesem Gedanken schickten wir ihm unsere wärmsten Glückwünsche.
In dieser Nacht dauerte es lange, bis ich in den Schlaf fand. Ich fragte mich ständig, an welchen Ort ein Jugendlicher gehen würde, der von zu Hause weggelaufen war. Ich hätte es gerne gewusst, um die Möglichkeit zu haben, das Gleiche zu tun, wenn ich meine Familie satt hätte. Und dazu fehlte nicht allzu viel.
Sehr früh am nächsten Tag, man könnte auch sagen in der Nacht, betrat Papa mein Zimmer, machte dabei viel Lärm und nannte mich einen Faulenzer. Er deckte mich auf, indem er die Decken auf den Boden warf, und trieb mich an aufzustehen.
„Beweg dich, mein Söhnchen. Ich werde mit dir zur Schule gehen und am Schülereingang wachen, um zu sehen, ob dein Bruder auftaucht."
„Glaubst du ehrlich, dass er zum Unterricht gehen wird, nachdem er von zu Hause weggelaufen ist?" Ich richtete mich auf, um die Decken aufzuheben und sie wieder aufs Bett zu legen. „Dass ich nicht lache: Ho, ho, ho."
Papa wurde grün, mehr deshalb, weil ich recht hatte, als wegen meiner Unverschämtheit, denn er betrachtete es als Todsünde, wenn ein anderer als er recht hatte.
„Wie auch immer, wir gehen zur Schule. Ich will mit Herrn Yolza sprechen, um ihn darüber zu informieren, was dein Bruder getan hat."
„Dieser verdammte klatschhafte Direktor", flüsterte ich. Durch seine Schuld war das passiert, was passiert war. Ich stand teilnahmslos auf und zog mich an.

Wir waren an der Schule kurz vor Öffnung des Eingangs. Bald danach kam der Direktor. Papa hielt ihn an, um ihn in überheblicher Weise zu fragen, weshalb er sich vorgenommen hätte, mit der Vernichtung des Lebens seines Sohnes zu beginnen, was mich, wegen der Aggressivität und Zusammenhangslosigkeit, ziemlich wunderte.

Zahlreiche neugierige Klassenkameraden blieben in der Nähe, um die zu erwartende Diskussion mitzubekommen, aber Professor Yolza umging sie, indem er uns einlud, in sein Arbeitszimmer zu kommen. Drinnen starrten sich die beiden Männer an wie Erzfeinde. Mein Vater beruhigte sich etwas, sprach aber trotzdem weiter mir erhobener Stimme:

„Sie haben es nicht verstanden, meine Söhne zu führen. Unsereiner kommt hierher, bringt Ihnen all sein Vertrauen entgegen, zahlt pünktlich das Schulgeld, und was bekommt er dafür? Furchtsame und komplexbeladene Söhnchen. Saúl ist nur durch ihre Schuld so tief gefallen."

Herr Yolza rieb sich den Bart und seufzte besorgt. Seine Arbeit bestand daraus, sich beschwerende Nachbarn, verantwortungslose Angestellte, korrupte Inspektoren, anmaßende Gewerkschafter, ordinäre Schüler – so wie mich – und aus dem Gleichgewicht gekommene Familienväter – so wie meinen – zu empfangen. Trotzdem schien er sich immer noch nicht ganz an solche Situationen gewöhnt zu haben. Er nahm Platz und lud Papa mit knapper Geste ein, ihm gegenüber dasselbe zu tun. Auch mir gebot er mit einem Blick, mich zu setzen.

„Wollen Sie mir erklären, um was es sich genau handelt, Doktor Hernández?"

„Gestern ist mein Sohn von zu Hause weggelaufen."

„Wirklich?", fragte er interessiert. „Und was lässt Sie annehmen, dass dies durch meine Schuld geschehen ist?"

„Weil es keine Veranlassung gab, mich anzurufen, um mir den Verweis mitzuteilen. Alle Jugendlichen haben Sex mit ihren Freundinnen."

Der Schulleiter öffnete die mittlere Schublade seines Schreibtischs, um eine kleine Pillenschachtel herauszunehmen. Er nahm eine Pille in den Mund, während er den Kopf verneinend hin und her bewegte – eine tolle Art, den Tag zu beginnen! Als zweiten Akt nahm er den Hörer der Sprechanlage ab, um sich vom Archivisten Saúls und meine Schülerakten zu erbitten. Ohne es zu wollen, sprang ich von meinem Sitz auf. Meine? Ich hatte nur zugeschaut, hatte mit diesem Vorfall nichts zu tun. Warum erbat er sich auch meine Schülerakte?

Ich setzte mich wieder. Es herrschte ein unangenehmes Schweigen. Schließlich trat die Sekretärin ein, gab ihm die Mappen, und der Schulleiter begann mit fester Stimme zu sprechen:

„Doktor Hernández: Ihr Sohn ist schwer vorbestraft und wurde unter Vorbehalt hier aufgenommen, obwohl seine Lebensgeschichte voller Unregelmäßigkeiten ist. Gestern hatte ich keine Zeit, sie genauer durchzugehen, aber „Rauchen in der Klasse", „Überheblichkeit gegenüber Professoren", „seine Aufgaben nicht erfüllen" und „Schule schwänzen" sind regelmäßig sich wiederholende Bemerkungen in dieser Akte. Außerdem war er bereits an dem Punkt angelangt, wegen einer anderen Angelegenheit von der Schule verwiesen zu werden" Mein Vater hob die Brauen und täuschte Empörung vor; und ich lachte innerlich über ihn. „Er verprügelte einen anderen Jugendlichen, der allem Anschein nach seine derzeitige Freundin erobern wollte. Bei dieser Gelegenheit entstand ein großer Aufruhr. Eine Polizeistreife kam, und die Nachbarn trafen sich mit mir und ließen sich das Versprechen geben, dass dies nicht noch einmal in dieser Straße vorkäme. Ich wurde in meinem Büro fast eine Stunde festgehalten. Vergeblich versuchten wir mit Ihnen zu reden. Auch Ihre Frau konnten wir nicht antreffen. So füllte ich das Formular mit seinem Verweis aus und gab es ihm. Daraufhin sagte mir Ihr Sohn, er hasse mich, er hasse diese Welt, dieses Leben, diese Schule und seine Eltern. Danach begann er zu weinen, und sein Wehklagen deutete auf enormen Schmerz."
Der Professor erhob sich leicht und zeigte mit dem Finger: „Doktor Hernández, wenn Sie Ihren Sohn niemals auf diese Weise haben weinen sehen, sind Sie viel zu weit von ihm entfernt, um ihm helfen zu können."
Er setzte sich wieder, und es schien, als würde er nach Worten suchen, bevor er fortfuhr: „In Anbetracht einer solchen Situation konnte ich es nicht zulassen, ihm noch eine weitere Chance zu geben. Ich spürte, dass Saúl selbst nicht die Schuld an seinen Fehltritten trug. Ein Jugendlicher, der sich selbst dermaßen herabwürdigt, muss eine schlimme Familie haben. Der Ursprung der Selbstwertschätzung eines Individuums liegt in seiner Familie. Die Menschen verhalten sich auf der Straße so, wie sie es zu Hause gelernt haben. Wenn Saúl sich auf Abwegen befand, so gibt es keine Schuldigeren als Sie und Ihre Frau."
Mein Vater war wie versteinert. Die blutrote Färbung seiner Wangen ließ mich seine Wut erahnen. Das war so viel für ihn, dass er nicht sprechen konnte. Im Gegensatz dazu zeigte sich der Direktor viel sicherer und unerschrockener als zu Anfang. Anschließend öffnete er meine Schülerakte und begann sie gründlich durchzusehen.
„Ihr Sohn Gerardo ist ein anderes Beispiel dessen, was ich gerade erzähle."
Um ihn zum Schweigen zu bringen, schaute ich ihn mit aller Ablehnung an, zu der ich fähig war, aber er schien sich von meinem drohenden Blick nicht beeinflussen zu lassen.

„Er ist unpünktlich, fehlt oft, ist faul". Die Professoren berichten von ihm als „Schüler der allerletzten Kategorie". Falls Sie es nicht wissen, auch er war an dem Punkt angelangt, der Schule verwiesen zu werden. Nicht wegen schwerer Vergehen, sondern wegen unzähliger kleiner Berichte über Disziplinlosigkeit und Abwesenheit. Gerardo ist ein Rädelsführer in Bezug auf Untaten. Er stachelt seine Klassenkameraden zu Vergehen an, und zwar immer so, dass er den Schulausschluss vermeiden kann, aber die Lehrer und ich haben sein Spiel durchschaut. Hinter den Straftaten seiner Freunde steht immer er. Ich erkenne an, dass er sehr intelligent ist, und ich bin fast sicher, dass er zu Hause als guter Sohn erscheint, heimlich aber einen großen Groll anstaut, der ihn gegen alle Regeln verstoßen lässt, wenn er sich sicher fühlt."
Mein Vater, sich heftig auf die Unterlippe beißend, wandte sich mir zu, mit der klar erkennbaren Absicht, mich umzubringen, aber ich machte auf unwissend und starrte wie fixiert den „lieben" Direktor an. Früher oder später würden sie mir das büßen.
Papa stand auf, bereit, zu gehen.
Tadeo Yolza erhob die Stimme mit der Festigkeit eines Menschen, der ein wichtiges Spiel gewonnen hat:
„Doktor Hernández. Ihre Wutanfälle als empörter Vater werden überhaupt nichts ausrichten. Ihre Söhne sind klug, *aber schrecklich unglücklich*. Sowohl Saúl als auch Gerardo müssen zuerst einmal ihr Selbstwertgefühl wiedergewinnen. Verstehen Sie das? Wie korrigieren Sie sie gewöhnlich? Gehen Sie auf sie zu, um ihre Gründe zu verstehen und führen sie dann mit fester, aber freundlicher Hand, oder schreien Sie sie einfach nur an, beleidigen und ohrfeigen sie, wie Sie das gestern mit Saúl hier in diesem Büro gemacht haben? Erlauben Sie, dass sie in Ihrem Heim Schimpfnamen verwenden, sich lustig machen und destruktive Kritik vorbringen, dass sie die eigenen Fähigkeiten übersteigern, um andere geringschätzen zu können? Äußern Sie Wunschvorstellungen, wie das eine oder andere Kind sein solle, oder beneiden Sie andere Familien um deren Situation? Wenn es so gewesen ist, haben Sie in ihnen ein gefährlich geringes Selbstwertgefühl erzeugt. Jedes menschliche Wesen lernt sich selbst einzuschätzen an dem Ort, wo es aufwächst, unterstützt durch die Personen, mit denen es zusammenlebt. In der Familie wachsen die Erwartungshaltungen des Individuums, seine Moral, seine Art zu empfinden, seine Persönlichkeit."
Der Direktor schien begierig danach, seine Ausführungen fortsetzen zu können, als hätte er monatelang auf die Gelegenheit gewartet, all das zu sagen.

Mein Vater wandte sich ihm mit verzerrtem Blick zu. Für einen Moment glaubte ich, er wolle ihn schlagen.

„Ihr Le...Lehrer", stotterte er, sichtlich erregt, „seid Demagogen und Besserwisser. Ihr glaubt, das Recht zu haben, Euch in das Leben anderer einzumischen, als ob Ihr selbst perfekt wärt."

„Doktor Hernández, Sie und ich kannten uns bereits. Ich hielt Sie für einen besonnenen Menschen, aber in den letzten beiden Gesprächen ist mir klar geworden, dass Sie dringend Hilfe brauchen. Wenn Ihre Kinder sich verlieren oder scheitern, wird es keinen anderen direkt Verantwortlichen dafür geben als Sie."

Ich sah, wie mein Erzeuger die Fäuste ballte, bis die Knöchel weiß wurden. Sein folgender Einwand war kaum vernehmbar:

„Ihr Lehrer haltet Euch für weise. Ihr gebt einem die Verantwortung wieder zurück, aber Ihr seid unfähig, irgendetwas für die Kinder zu tun."

Mit gesenktem Kopf drehte er sich um und verließ abrupt den Raum, ohne sich zu verabschieden.

Ihn weggehen zu sehen machte mir zum ersten Mal bewusst, dass ich nicht so unberührbar war, wie ich geglaubt hatte. Ich empfand Bedauern für ihn. Außerdem schien mir seine Gestalt kleiner zu sein, als ich immer geglaubt hatte.

Der Direktor lief, um ihn einzuholen. Offenbar wollte er nicht, dass diese Unstimmigkeit auf solche Weise endete.

Ich blieb alleine im Büro zurück. Ich schaute mich um, irgendetwas suchend, irgendetwas, ... keine Ahnung was. *Die persönliche Aktenmappe von Direktor Tadeo Yolza lag auf einer Seite des Schreibtischs!* Ich nahm sie und lief wie der Blitz nach draußen, um zu verhindern, dass die Sekretärin mich bemerkte. Auf der Straße waren die beiden Erwachsenen noch am Diskutieren. Ich hielt mich nicht länger auf: Ich wollte nichts mehr von diesem Vorfall wissen. Stundenlang ging ich durch die Straßen, die gestohlene Aktenmappe fest umklammert. Ich hätte weinen mögen, verstand aber nicht, weshalb. Vielleicht, weil man in meiner Anwesenheit sehr ernsthafte Aspekte angesprochen hatte, an die ich niemals gedacht hatte. Ein besonders grausamer und ebenso wahrer ließ mir die Schläfen dröhnen: dass meine Geschwister und ich intelligent, aber schrecklich unglücklich waren.

3. AUSSERGEWÖHNLICHE DOKUMENTE

Was ich hier schildere, ist bereits viele Jahre her, aber es war der Beginn einer totalen Veränderung meines Lebens.
Mein Vater war ein gebildeter Mann. Er hatte, bereits verheiratet, Medizin studiert, sein Anerkennungsjahr gemacht und sich spezialisiert. Mir ist sein harter und zäher Charakter gut in Erinnerung. Zu jener Zeit war er in einer brillanten beruflichen Situation, was uns erlaubte, finanziell bequem zu leben. Leider nahm ihn seine Arbeit als „hoher Lebensretter" so ein, dass er nur wenig mit seiner Familie zusammenlebte. Dadurch konnte er zwar Problemen ausweichen, aber sein emotionales Gleichgewicht litt sehr darunter. Er gewöhnte sich neurotisch-depressive Verhaltensmuster an: Er bauschte unsere Fehler auf, tadelte uns auf erniedrigende Weise, um sich dann anschließend in Klagen und Sehnsüchten zu ergehen, warum wir nicht waren, wie wir sein sollten. Er tat dies in der vergeblichen Hoffnung, Zärtlichkeit zu bekommen.
Und dazu kam dann noch das hypochondrische Verhalten von Mama: Für sie war alles Grund zu ängstlicher Besorgtheit, und sie verbrachte ganze Stunden damit, zu klagen und zu weinen. Man konnte sich leicht vorstellen, dass meine Eltern keine gute eheliche Beziehung hatten.
Niemandem von uns machte es Freude, in diesem Haus ohne Wärme zu sein, weshalb wir drei Kinder, wenn wir die Gelegenheit dazu hatten, wie erschreckte Tauben davonflogen. Meine fünfzehnjährige Schwester Laura verbrachte die Nachmittage in Gesellschaft ihrer Freundinnen, zumindest sagte sie das. Saúl, 21 Jahre, ging mit seiner Freundin. Und ich, achtzehnjährig, der mittlere – Mama nannte mich den Schinken des Sandwichs – war mit meiner Clique unterwegs, um Dummheiten in den Straßen anzustellen und die Mädchen zu erschrecken, die alleine unterwegs waren.
Mir und meinen Freunden machte es größten Spaß, mit den Autos unserer Väter bei voller Geschwindigkeit durch die Gegend zu rasen. Regelmäßig verfolgte uns die Polizei, aber unsere Kühnheit oder auch Geld retteten uns stets davor, festgenommen zu werden. Alles Verbotene begeisterte uns. Trotzdem muss ich eines klarstellen: Als meine Kumpel, mehr aus Mutwilligkeit denn aus Notwendigkeit, Passanten beraubten, machte ich nicht mit. O.k., ich beobachtete alles von nahen Ecken aus, aber ohne einen Finger zu rühren. Die Aktenmappe von Herrn Yolza war eines der wenigen Dinge, die ich in meinem Leben gestohlen habe. Vielleicht würde ich sie ihm sogar eines Tages zurückgeben, da ich sie nur deswegen weggenommen hatte, um diesem eingebildeten Typen eine Lektion zu erteilen, der sich erdreistet hatte, mich einen „Schüler der allerletzten

Kategorie" zu nennen. In jener Nacht las ich von dem Kindesverlust seiner Frau.

Welch seltsame Gefühle weckte in mir dieser Bericht! So, wie ich die Beteiligten von der Schule her kannte, ließen sie sich mit den Schilderungen des Briefes in keinerlei logische Beziehung bringen. Der Eigentümer unserer Schule hatte beschlossen, die Fortbildungskurse für Unternehmen aufzugeben und stattdessen Oberstufenklassen einzurichten, um Jugendlichen zu helfen, unter denen der Verantwortliche für den Tod seines dritten Kindes sein konnte? Wie absurd und schwächlich!

Ich ging in mein Schlafzimmer und schloss mich ein.

Da Saúl „in Urlaub" war, hatte ich das ganze Zimmer für mich alleine und konnte meine gestohlenen Schriftstücke auf dem Boden ausbreiten, ohne dass mich jemand störte. Ich schob das Bett meines Bruders direkt neben meines. Diese Nacht würde ich bequem in einem Doppelbett schlafen.

Armer Saúl: immer so verrückt und impulsiv. Während er ganz sicher Unannehmlichkeiten Gott weiß wo zu ertragen hatte, genoss ich den zusätzlichen Raum wie ein Gutsherr.

Ich begann die Fotografien, die sich unter den Schriftstücken befanden, durchzublättern, aber das machte mich nicht zufrieden: Irgendwie hatte ich keine große Lust, sie mir anzuschauen. Ich verstaute meine heimlichen „Schätze" und versuchte zu schlafen. Vergeblich. Um drei Uhr nachts machte ich das Licht an, stand wie ein Schlafwandler auf und ging zum Kleiderschrank, um die gestohlenen Papiere zu suchen. Ich betrachtete sie einige Minuten. Wie von einem seltsamen Magnetismus angezogen, begann ich sie mit wachsender Begeisterung zu untersuchen. In dieser Sammlung gab es viele intime Briefe. Auf der Suche nach einem, in dem ich mehr über die gerade kennen gelernte Geschichte erfahren würde, las ich die ersten Abschnitte einiger Briefe. Und fand den folgenden:

Mein Liebling,

vor einigen Monaten haben wir eine Vorbereitungsschule mit hohen, uneigennützigen Absichten gegründet. Vieles hat sich als komplizierter und schwieriger herausgestellt, als wir es uns am Anfang vorgestellt hatten. Über der unendlichen Fülle an Verwaltungsarbeit haben wir die ursprünglichen Motive unserer Arbeit aus den Augen verloren. Wir dürfen auf keinen Fall so weitermachen.

In den letzten beiden Wochen habe ich von einigen bestürzenden Ereignissen erfahren, die du vielleicht noch nicht kennst: Drei Jugendliche des Vormittagskurses sind von zu Hause verschwunden, ein Mädchen der zweiten

Klasse wurde schwanger, und ein ehemaliger Schüler hatte mit seinem Auto einen Unfall wegen Trunkenheit.
Das Milieu, in dem sich die Jugendlichen bewegen, wird immer gefährlicher. Saufgelage, freie Liebe, Schulschwänzen, Rebellion gegen die Eltern sind übliche Erscheinungen unter ihnen. Letztendlich blieb mir nichts anderes übrig, als dem gesellschaftlichen Zerfall, von einer Generation auf die nächste übertragen, Aufmerksamkeit zu schenken. Das Übel hat sich mittlerweile selbst in die Heime offensichtlich gebildeter und verantwortungsbewusster Eltern ausgebreitet. In unbeschreiblicher Verfassung kommen sie zu mir, zutiefst betrübt, da sie nicht wissen, woran sie genau gescheitert sind. Allmählich verwandelte sich auch meine Verzweiflung in Panik. Die Eltern begehen in der Erziehung ihrer Kinder viele unbeabsichtigte Fehler, die sich früher oder später gegen sie selbst wenden, wie eine Schneelawine, von der man nie weiß, wo und wann sie entstand.
Aber es gibt etwas, das sich noch mehr in meinem Kopf herumdreht als das gesellschaftliche Übel, das mir erst kürzlich so richtig bewusst geworden ist.
Letztes Wochenende entdeckte ich etwas so Außergewöhnliches und Unglaubliches, dass ich dir nichts davon sagen wollte, bis ich genau wüsste, was es ist oder ob es das ist, was ich mir vorstelle. Ich war gerade dabei, drei alte Kisten mit Erinnerungsstücken meiner Eltern auszuräumen. Es sind diejenigen, die ich aus Mutters Haus nach ihrem Tod mitgebracht habe, erinnerst du dich? Und bis letzten Sonntag hatte ich nicht die Muße, sie ordentlich durchzuschauen. Unglaublich, welche Menge an Dingen die Alten aufbewahren: verschwommene Fotografien, abgenutzte Schulunterlagen, brüchige und vergilbte Zeitungsausschnitte, unleserliche Briefe und eine Unzahl alter Dinge wie Knöpfe, Karten, Bücher und Kleidungsstücke. Und obwohl sie irgendeine wichtige Rolle in ihren Erinnerungen gespielt haben müssen, waren sie für mich nichts anderes als Müll. Also, unter diesen sonderbaren Dingen befand sich auch eine Mappe mit alten Manuskripten, in mittelalterlicher Sprache geschrieben, von wahrlich unschätzbarem Wert. Ich kann mir nicht erklären, wie sie hierhergekommen sind. Mein Vater ist zwar Historiker gewesen, aber ich erinnere mich nicht, dass er jemals Originaldokumente gefunden hätte.
Ich musste meine Wörterbücher und meine Aufzeichnungen über den Ursprung der romanischen Sprachen entstauben, um diese Schriftstücke deuten zu können. Es war bewegend, mein Schatz, als es mir gelang, einige Abschnitte zu interpretieren. Du wirst es kaum glauben, sie behandeln das gleiche Thema, das mich in meiner Arbeit so beunruhigt: die Verbesserung und Weiterentwicklung der Jugendlichen!
Ihr anonymer Autor musste ein Experte für biblische Texte gewesen sein. Ich sage das deshalb, da ich viele hilfreiche Sätze in ähnlicher Weise in den Schriften wiedergefunden habe. Trotzdem ist das Interessante an diesem Fall nicht die Lehre, die auf diesen Seiten dargestellt wird, sondern der überwältigende Eindruck, dass

ich mich auf dem richtigen Weg befinde. Der dies schrieb und bereits seit vielen Jahrhunderten tot ist, hatte die gleiche Unruhe verspürt wie ich!
Ich liebe Dich ganz innig, mein Herz, und bin verwirrt und erschrocken. Ich fühle, dass mich Gott – durch dich – zu meiner jetzigen Tätigkeit gebracht hat und jetzt beginnt mir Werkzeuge in die Hand zu geben, damit ich mehr in meinem Beruf tun kann, als ich bisher erreicht habe.
Ich möchte dir sagen, dass ich auf jeden noch so kleinen Hinweis achte in der festen Überzeugung, dass unser drittes Kind nicht vergeblich gestorben ist, bevor es überhaupt geboren wurde.

Innigst

Dein Tadeo

Kaum hatte ich den Brief zu Ende gelesen, griff ich nach der gestohlene Aktenmappe und wühlte in ihr weiter herum, mit der Gier eines Verdurstenden, der nach Wasser sucht. Ich nahm alles heraus, was sie enthielt, und legte es auf das Bett meines Bruders. Fast augenblicklich entdeckte ich, was ich so sehr suchte: Eine Dokumentenmappe war etwas größer als die anderen Blätter, so dass ihre vergilbten Ränder aus dem Rest herausragten.
Ich nahm die Mappe vorsichtig heraus und betrachtete ihren seltsamen Inhalt, der aus einem widerstandsfähigen Material wie Haut hergestellt war, biegsam wie Stoff und dünn wie ein Blatt: Es handelte sich um ockerfarbene, etwas ranzig riechende Pergamente, mit violetter Tinte in unregelmäßigen Strichen geschrieben. Die Buchstaben waren fast normal, ab und zu fiel ein ungewöhnliches Symbol zwischen den Wörtern auf. Ich versuchte sie zu lesen, verstand jedoch überhaupt nichts.
Und das Fantastische daran war, es handelte sich um Originalpergamente. Ich streichelte sie respektvoll und hielt sie dicht vors Gesicht, um daran zu riechen und ihre Textur an meiner Wange zu spüren.
Plötzlich fielen einige weiße Blätter heraus, die darin aufbewahrt worden waren. Voller Neugierde hob ich sie auf und sah, dass es Entwürfe zu einer Übersetzung dieser Dokumente waren.
Man musste kein Experte archäologischer Zeugnisse sein, um zu begreifen, dass diese alte Lehrschrift und die angefangene Interpretation äußerst wertvoll waren. Über eines konnte ich mir also sicher sein: Ich musste sie unbedingt wieder zurückgeben.
In der Übersetzung dieser Pergamente hieß es:

Sei nicht eingebildet oder hochmütig, damit Du nicht die Zeitvernachlässigst, Dich mit guten und friedvollen Gedanken zu beschäftigen. Nur weil Du viel gehört hast, brauchst Du dich noch lange nicht als gebildet zu betrachten. Wer von sich behauptet, zu wissen, ist lediglich ein Angeber. Die Wahrheit weiß man nicht, sondern fühlt sie. Sie lässt sich nicht erlernen, sondern nur erleben. Niemand kann in seiner eigenen Meinung ein Weiser sein. (siehe Römer 12, 16)

Lass Dich führen.
Selbst wenn Du glaubst, etwas sehr gut zu machen, kann es sein, dass Du in Wirklichkeit lediglich das Einfachste und Bequemste tust.
Ein Tor geht immer geradeaus, ein Weiser hört stets auf Ratschläge. (siehe Sprüche 12, 15)

Nur wenn Du auf Gott hörst, wird dein Handeln gut sein und es wird Dir gut gehen. (siehe Römer 12, 2-3)

Früher oder später müssen wir alle die moralischen Gesetze der Schöpfung anerkennen. Diejenigen, die sich weigern, werden es unter Tränen, Ärger und Bitterkeit tun müssen, die Klugen, die sich die Erfahrung der anderen zu eigen machen, mit Freude und Frieden.

Prüfe alles ohne Vorurteile und lerne das Gute aus allem (siehe 1. Thessalonicherbrief 5), denn selbst das unbedeutendste oder sonderbarste Wesen oder das unnötigste Problem enthält eine Botschaft für Dich.

„Ziemlich geschmacklos und manipulatorisch, außerdem rosarot und völlig lebensfremd", sagte ich mir und legte die Papiere zur Seite. In diesem Moment erschien mir alles, was dieser Mensch in seiner Aktenmappe gesammelt hatte, die Ausgeburt einer affektierten Persönlichkeit zu sein, die sich irgendwie zum Priester berufen fühlte. Aber irgendwie hatte ich wohl doch tief im Innern Zweifel, weshalb ich die Schriftstücke wieder nahm und weiter las:

Suche Dir deine Freunde sehr sorgfältig aus. Wenn Du rechtschaffen bist, suche Dir auch rechtschaffene. Was haben Gerechtigkeit und Hinterhältigkeit, Licht und Finsternis gemein? (siehe 2. Korinther 6, 14-15)

Weder folge den Ratschlägen von Bösewichten noch setze dich auf die Bank von Spöttern (siehe Psalm 1, 1-3), denn der Weg übler Menschen hat stets ein schlechtes Ende. (siehe Psalm 1, 4-5)

Dein Blick ist kurz und unvollkommen. Eitelkeit und Arroganz lassen Dich annehmen, alle seien gegen Dich und niemand verstünde Dich, aber das ist eine tödliche Täuschung.

Sei bescheiden.
Das Leben gibt Dir stets das zurück, was Du gegeben hast. Das Gute bringt wieder Gutes hervor und entwickelt sich gut. Vergiss das nie.

Aber was für Zeilen las ich da gerade? Um mir Predigten anzuhören reichte mir mein Vater völlig. Enttäuscht schüttelte ich den Kopf. Anscheinend war der Direktor auch nicht anders als sonstige Erwachsene, die mit ihren moralischen Sprüchen die Jugend belästigten.
Ich tat alles wieder in die Aktentasche zurück und drehte mich um, um zu schlafen, aber nach wenigen Minuten stand ich wieder auf, ohne den Grund dafür zu kennen. Es trieb mich zu der Mappe mit den persönlichen Schriften, und ich suchte ein anderes Schriftstück, darauf achtend, nicht noch weitere Belehrungen herauszuziehen.
Wieder ein persönlicher Brief. „Schauen wir uns mal an, was für Geschichten dieser Verrückte noch erfindet", spottete ich mit lauter Stimme, obwohl tief in meinem Innern – damals weitgehend unbewusst – ein großes Verlangen danach war, mich immer weiter von dieser neuen Sicht des Lebens durchdringen zu lassen.
Ich wählte aufs Geratewohl einen Brief aus, ohne mich darum zu kümmern, ob er vor oder nach dem anderen geschrieben worden war. Eine Neugierde, stärker als mein Sarkasmus und meine leichtfertige Natur, trieb mich hypnotisch an, immer mehr zu lesen, um dieses ungewöhnliche Individuum zu verstehen, das meine Schule leitete.
Ich nahm den Brief mit aufs Bett und las ihn vollständig, bevor ich die Augen schloss.

Liebe Helena,

Es warten Leute auf mich im Vorzimmer, und ich habe dringend zu erledigende Dinge auf dem Schreibtisch liegen. Aber ich bin unfähig, weder das eine noch das andere zu erledigen. Ich muss unbedingt mit dir sprechen. Dir sagen, dass ich dich liebe und es mir weh tut, wie wir miteinander gestritten haben.

Ich bin davon überzeugt, dass das eheliche Zusammenleben die schwierigste Kunst überhaupt ist, denn es erfordert die perfekte Koordination zweier Individuen und in hohem Maße die Fähigkeit, zu geben und zu verzeihen.
Heute Morgen ist uns etwas passiert, das mich über alle Maßen betroffen gemacht hat. Wir haben den Fehler begangen, eine anfänglich kleine Diskussion zu etwas Großem aufzubauschen, einen Nieselregen in einen Hurrikan zu verwandeln. Wir hatten beide unseren Anteil daran: Da wir beide im selben Auto aus dem Haus mussten und du in kurzer Zeit noch so viele kleine Dinge zu erledigen hattest, drohten wir uns alle zu verspäten. Ich hielt es für deine Schuld, dass wir so spät dran waren und machte dich darauf aufmerksam. Und du batest mich, dir beim Anziehen und Frühstück von Ivette zu helfen.
Keiner von uns beiden hörte dem anderen zu.
Die Ehe ist wie eine Mannschaft, die selbst dann gemeinsam weiterrudern muss, wenn das Boot vorrübergehend sein Ziel aus den Augen verloren hat. Wären wir umsichtig gewesen, wäre der Vorfall nicht größer geworden. Ich wollte lediglich von dir hören: „Ja, ich verstehe dich, ich werde mich beeilen". Und du hättest gerne aus meinem Mund gehört: „Ja, sobald ich angezogen bin, helfe ich dir mit der Kleinen." Aber keiner von uns beiden war so besonnen. Du begannst deine Position zu verteidigen und mir vorzuhalten, ich würde dir „niemals" helfen. Also attackierte ich zurück und machte dir Vorwürfe, nahe an der Grenze des Respekts. Du fühltest dich beleidigt und griffst mich von neuem an nach dem uralten, wirkungslosen Gesetz des „Auge um Auge, Zahn um Zahn". Wir sind sozusagen auf das Lockmittel des Mephisto hereingefallen. Wir tappten in die Falle, sinnlos und unkontrolliert zu diskutieren und dabei zwei Wörter zu benutzen, die in Gesprächen verheerend wirken und absolut verboten sein müssten: „immer" und „niemals". Es ist eine üble Lüge, zu behaupten, einer der beiden Ehepartner würde etwas „niemals" oder „immer" machen. Und diese Verleumdung öffnet dem Zorn die Türe.
Du stiegst als Erstes mit dem Baby aus dem Auto, Ivette und ich blieben alleine zurück. Sie weinte den ganzen Weg bis zur Schule und weigerte sich, mit mir zu sprechen. Uns war überhaupt nicht klar, dass unsere beiden Kinder von unserem Streit am meisten betroffen waren. Mit jeder Unstimmigkeit in der Familie gräbt sich der Samen der Unsicherheit tiefer in das kindliche Wesen hinein. Das ist ungerecht und gemein und außerdem völlig unnötig.
Ich kann heute meiner Arbeit nicht richtig nachgehen, denn alles, was ich mache, verliert seinen Sinn, wenn ich im Zwist mit meiner Familie stehe. Ich liebe dich sehr, mein Engel, und ebenso die Kinder. Es täte mir sehr weh, wenn wir sie durch eine Ehe ohne Ordnung und Übereinkünfte in Mitleidenschaft zögen oder gar unsere gegenseitige Liebe zerstörten.

Ich werde mich in Zukunft bemühen, an dich zu denken, bevor ich an mich denke und deine Bedürfnisse vor den meinigen zu erfüllen.
Die Vorstellung, die Ehe sei ein gegenseitiger Austausch von 50 zu 50, ist Unsinn. Wenn wir nur darauf bedacht leben, dass unser Partner genau die Hälfte der Beziehung erfüllt, werden wir unser Leben damit verbringen, die Handlungen des anderen zu messen und zu beurteilen und niemals zufrieden sein. Wahre Liebe heißt, sich hundertprozentig einzubringen, sich um Erwiderung der Zuneigung des anderen zu bemühen, ohne jedoch jede Minute abzuwägen. „Ich helfe dir bei deinen Aufgaben, damit du mir später bei den meinigen hilfst" ist ein Tauschhandel. Ich möchte lernen, dir zu helfen, ohne deine Hilfe dafür zu erwarten, dir mein ganzes Sein zu schenken, selbst wenn ich das Gleiche nicht zurückbekomme. Und zwar, weil ich dich liebe. Das ist alles.
Schon vor langer Zeit habe ich die Idee von der „idealen Liebe" aufgegeben. Diese existiert nicht. Weder bin ich ein Traumprinz noch du eine Märchenprinzessin. Wir sind menschliche Wesen voller Fehler, und ich nehme dich so an, wie du bist, ohne mehr von dir zu fordern.
Blinde Liebe ist kindisch. Sie ist eine Täuschung. Natürlich haben wir als Verliebte intensivste und erregendste Gefühle. Aber das Herz der Langverheirateten schlägt langsamer, und der Verstand sieht die Realität. Deswegen verliert jedoch die Zärtlichkeit keinesfalls ihre Kraft, sondern ist Ausdruck einer reiferen Beziehung. Wahre Liebe ist keine „Seligkeit für immer", sie ist das Versprechen, sich in die Beziehung einzubringen. Sie ist kein Glück in alle Ewigkeit, sondern gemeinsames Wachstum, wenn auch manchmal schmerzlich. Sie ist keine sehnsuchtsvolle Begeisterung, sondern friedvolle Gemeinschaft.
Leider verlieren sich mit der Zeit wertvolle Kleinigkeiten, die anfangs gewohnt waren. Sie sind enorm wichtig, gemessen daran, wenn sie nicht mehr vorhanden sind. Wir können diese kleineren Dinge allerdings wiedergewinnen, wenn wir das möchten, zum Beispiel durch gegenseitige Aufmerksamkeit, Höflichkeit, liebevollen Umgang miteinander, Achtsamkeit und Feinheit. Wir zeigen uns durch diese kleinen Dinge täglich, wie viel wir uns bedeuten. Und das möchte ich erreichen, denn meine Liebe zu dir ist ehrlich und wahrhaftig. Verzeih mir die Unbesonnenheit, die mir heute morgen passiert ist. Ich wollte dir nicht weh tun.
Stärken wir uns gegenseitig gegenüber Zorn und Verletzungen. Und möge uns dieser Ärger dazu dienen, eine weitere Stufe der wunderbaren Leiter zu erklimmen, die uns letztendlich zu Gott führt.

Für immer Dein

Tadeo

4. ÜBERFALL AUF DIE SCHULE

Die Ideen überstürzten sich eine nach der anderen, als ob plötzlich in mir eine Tür zu neuen Horizonten geöffnet worden wäre, die vorher verschlossen war. Zum ersten Mal fühlte ich Traurigkeit und Einsamkeit. Auch hatte ich bis heute nie die Sehnsucht nach lieben und geliebt werden verspürt. Es erschien mir seltsam, aber all das war offenbar die Folge meines Eindringens in intime Bereiche eines von mir verachteten Erwachsenen. Endlich schlief ich ein. Als ich die Augen wieder öffnete, war es neun Uhr morgens.
Ich konnte kaum glauben, dass Papa ins Krankenhaus gegangen war, ohne mich routinemäßig aufzuwecken, indem er mir heftig die Decken vom Bett heruntenriss und die Gardinen meines Zimmers zur Seite zog. Vielleicht hatte ihn die Tatsache, dass mein Bruder Saúl nicht mehr da war, oder die unangenehme Erinnerung an die Diskussion vom Vortage mit dem Direktor dazu gebracht, über die Art, uns zu behandeln, nachzudenken.
Am Lärm des Staubsaugers erkannte ich, dass der Tagesablauf des Dienstmädchens in vollem Gange war und an der klassischen Musik, dass meine Mutter ihre morgendliche Gymnastik machte. Ausgezeichnet: Es war einfach zu spät, zur Schule zu gehen. Ich stand auf, um die Papiere zu holen, die ich bis zu vorgezogener Stunde gelesen und fallen gelassen hatte, bevor ich eingeschlafen war. Ich ordnete sie wieder sorgfältig ein. Dabei erkannte ich Einzelheiten, die mir am Vorabend unbemerkt geblieben waren:
In der Aktentasche gab es drei unterschiedliche Mappen, eine blaue und zwei grüne. Die erste enthielt persönliche Schreiben, nach dem Datum geordnet: Briefe an seine Frau, an seine Kinder und einfach verfasste persönliche Berichte, so, wie Heranwachsende in aller Ausführlichkeit in ihr Tagebuch schreiben. Die eine grüne Mappe enthielt mit der Maschine geschriebene Dinge: kommentierte Aufzeichnungen und Schlussfolgerungen zu pädagogischen Themen, ungefähr wie die Notizen, auf die sich ein Professor in seinen Vorlesungen stützt. Und die dritte Mappe enthielt jene seltsamen und unverständlichen Dokumente mit seinen angefangenen Übersetzungsentwürfen.
Außerdem fand ich einige Füller und Bleistifte, einen Taschenrechner, ein gutes Wörterbuch Spanisch - Latein/Latein - Spanisch; und sonst nichts. Im Haus gab es keine Anzeichen dafür, dass mich irgendjemand belästigten würde. Also vertiefte ich mich in das Material, mit dem seltsamen Durst nach mehr Wissen, den Menschen schmecken, die lesen.
Ich war ja nun bereits in die Sammlung intimer Schreiben eingedrungen, und da mir die Übersetzungen der alten Papyrusblätter im Bauch

Unbehagen verursachten, entschloss ich mich, ein Blatt aus den Erläuterungen herauszunehmen.
Bevor ich mit dem Lesen begann, dachte ich an Saúl. Wo hatte er die Nacht verbracht? Was hatte er zu Abend gegessen? Mit wem war er in diesem Moment zusammen? Ich fühlte Trauer um ihn. Hoffentlich würde er bald wieder zurückkehren, da wir gemeinsam kämpfen mussten, wenn wir diese im Verfall begriffene, aber noch nicht ganz aufgegebene Familie wiederherstellen wollten.

In den Aufzeichnungen stand Folgendes:

48 % der Paare in erster Ehe scheitern.
80 % der Gescheiterten verheiraten sich wieder, und in der Hälfte der Fälle scheitert auch die neue Verbindung.
Vier von zehn Kindern wachsen mit nur einem Elternteil auf.
20 % aller Geburten sind unehelich, und 60 % von ihnen stammen von Minderjährigen.
80 % aller Eltern misshandeln ihre Kinder. Die erste Ursache für den Tod von Kindern unter 5 Jahren ist Misshandlung.
Im Mittel nehmen sich in Lateinamerika täglich 32 Minderjährige das Leben.
Das häufigste, nicht zur Anzeige gebrachte Verbrechen sind Prügel an Frauen.
80 % aller Familien haben zumindest ein Kind, das in der Schule scheitert.
60 % aller Väter verzichten auf die Führung in ihrem Haus, wenn sich ihre Kinder auflehnen und scheitern.
95% der heutigen Familien leiden an einem oder mehreren der folgenden Probleme:

    Gefühlskälte und innere Distanz des Vaters
    Feindseligkeit, Spott und fehlende Kommunikation unter den Geschwistern
    Machismo des Vaters und der männlichen Söhne
    Rigide , wechselnde und ungerechte Vorschriften
    Andauernde Missverständnisse wegen oberflächlicher Kommunikation
    Voneinander getrennte Leben unter demselben Dach
    Lasterhaftigkeit und Süchte verschiedenster Art

Durchs Leben zu gehen und die Verletzungen mit sich zu schleppen, die eine schlechte Erziehung hinterlässt, ist wie einen hohen Berg ersteigen und auf dem Rücken eine Kiste voller unnötigen Unrates mit hinauftragen.
Nur eines von zehn Kindern aus missratenen Familien schafft es, sich der Last des mitgegebenen Abfalls zu entledigen und den Gipfel des Erfolgs zu ersteigen. Lediglich eines erreicht das!

Rebellierende Jugendliche wählen – oft unbewusst – einen schlechten Weg, um ihren Eltern oder Geschwistern eine Lektion zu erteilen und sie die Schuld für ihr Versagen spüren zu lassen.

Psychiatrische Studien belegen, dass kriminelle Jugendliche den ersten Schritt zu ihrer Wiedergenesung schaffen, wenn sie den Familienangehörigen verzeihen können, mit denen sie in ihrer Kindheit zusammengelebt haben.

Das wirft die Vermutung auf, dass alle „problematischen Jugendlichen" die gleiche Art von Ressentiments gegen ihre Familie in ihrem Kopf herumtragen. Die Eltern schaden ihren Kindern, und die Kinder geben ihnen auf die eine oder andere Weise diesen Schaden wieder zurück, was einen schrecklichen Kreis bildet, aus dem eine Unzahl Kinder unglücklich in diese Welt geworfen werden.

Verbrechen, Drogensucht und Prostitution, die die Menschheit überschatten, sind leider nicht nur die Früchte aus den Samen, die in den Familien wachsen. Die Familie ist die Basis der Gesellschaft, da jeder Mann und jede Frau, die sie bilden, aus einer Familie entstammen. Wenn die Familie missraten ist, missrät auch die Gesellschaft, das Land, ja die ganze Welt.

Die Regierenden machen den lächerlichen Versuch, das Übel zu beenden. Das Übel einer missratenen Gesellschaft sind jedoch ebensolche Familien. Der Ursprung eines schlechten Menschen ist eine schlechte Familie. Und nichts anderes.

Das ist eine wahrlich wichtige Botschaft, ein verzweifelter Schrei, bevor es zu spät ist: Jemand, der nicht um seine Familie kämpft, ist jemand, der den Platz, den ihm Gott in dieser Welt gegeben hat, nicht verdient – selbst wenn er für irgendetwas anderes kämpfen sollte.

Das waren wirklich äußerst heftige Worte für mich. In einem Anfall kindischer Wut warf ich die Papiere in die Luft. „Unsinn", sagte ich mir. Aber als ich die Blätter so durch mein Zimmer fliegen sah, begann ich sogleich wieder, sie zu ordnen.

Mitten in dieser lästigen Aufräumarbeit läutete das Telefon. „Meine Freunde!", dachte ich. Ich sprang wie ein Hase zum Apparat und nahm ab.
„Hallo?"
„Bin ich mit dem Haus der Familie Hernández verbunden?"
„Ja, das sind Sie."
„Ich möchte mit dem Herrn oder der Frau des Hauses sprechen. Es ist wichtig. Ich rufe aus dem Institut Bécquer an. Ich bin die Sekretärin des Schulleiters."
„Meine Eltern sind nicht hier", log ich. „Möchten Sie mir eine Nachricht hinterlassen?"

„Es handelt sich um einen Jugendlichen, Saúl", gellte eine äußerst gereizte Stimme. „Er ist hier, in der Schule! Er kam her, um sich Geld vom Direktor zu leihen, dem Anschein nach besoffen, und ... "
Die Verbindung hörte plötzlich auf. Irgendjemand hatte sie am anderen Ende abgebrochen. Ich rannte aus dem Haus, dicht an meiner Mutter vorbei, die im Lotussitz auf dem Boden saß. Sie fragte mich, wohin ich ginge, aber ich antwortete nicht. Die Schule befand sich nur einige Straßenecken weiter, und ich lief mit aller Kraft, als würde das Leben meines älteren Bruders von meiner Schnelligkeit abhängen. Nur ich konnte ihn davon überzeugen, nach Hause zurückzukommen. Ganz bestimmt nicht mein Vater oder meine Mutter, die als Allerletztes. Ich war froh, das Telefon als Erster abgehoben zu haben.
Als ich in der Schule ankam, war ein großer Aufruhr in der Vorhalle. Einige Lehrkräfte kümmerten sich um die völlig aufgelöste Sekretärin; Schüler kamen und gingen. Ich fragte einige nach meinem Bruder und bekam als Antwort, er sei gerade fort.
„Sie kamen in einem schwarzen Ford. Und rannten davon, nachdem sie den Direktor überfallen hatten."
„Sie kamen? Waren es mehrere?"
Aber mehr an Information konnte ich nicht bekommen, da die Polizei kam und das Geschrei nur noch größer wurde. Tadeo Yolza kam heraus, um die Beamten zu empfangen und schaute mich verstohlen an. Ich verspürte den Impuls, zu verschwinden, aber ich blieb: Es gab keinen Grund abzuhauen, ich war unschuldig. Während er mit den Polizisten sprach, fragte ich weiter, diesmal eine meiner Lehrerinnen, die vorbeiging. Sie informierte mich darüber, dass drei mutmaßliche Drogensüchtige bei der Sekretärin Gabriela aufgetaucht und einer von ihnen ins Rektoratszimmer gegangen war, um es auszurauben. Aber auch von ihr erfuhr ich nicht mehr, da sie durch die improvisierten Aktivitäten zur sanitären Versorgung der Empfangsdame, die gerade wieder zu Bewusstsein kam, abgelenkt war. Professor Tadeo gab den Polizeibeamten eine Beschreibung der Räuber und einen kurzen Bericht des Vorfalls. Als ich anfing, die Ohren zu spitzen, waren leider die wichtigsten Einzelheiten schon erzählt worden. Da wegen der Suche nach den Übeltätern keine Zeit zu verlieren war, verabschiedeten sich die Polizisten sehr bald, mit dem Versprechen zurück-zukommen, sobald sie Neuigkeiten hätten. Also fuhren die Polizeiwagen unter grauenhaftem Sirenengeheul davon.
Der Direktor erschien im Eingangsbereich. Ich drehte ihm den Rücken zu und tat so, als würde ich den Kalender an der Wand betrachten, aber er kam direkt auf mich zu, ergriff mich unsanft am Arm und zwang mich in sein Privatzimmer hinein.

„Und deine Eltern?" „Keine Ahnung", antwortete ich ihm einsilbig und nahm völlig verwirrt Platz.
„Du weißt, was hier gerade passiert ist, oder?"
Ich antwortete nicht. Der Lärm draußen war immer noch zu heftig, um in Ruhe miteinander reden zu können, so, wie er es gerne gehabt hätte. Außerdem war ich dermaßen beklommen und hatte das Gefühl, mich gleich übergeben zu müssen, was die Unterhaltung auf ekelerregende Weise beendet hätte. Ich versuchte mich wieder in den Griff zu bekommen und atmete einige Male tief ein und aus.
Damals verstand ich nicht, was in diesem Moment in mir vorging. Heute, viele Jahre später, im Licht der alten Erinnerungen, ist mir manches klar. Ich war weder wegen meines Bruders, noch wegen des Überfalls oder des allgemeinen Tumultes so durcheinander. Es war deshalb, weil mir gegenüber der Besitzer der Aktentasche saß, die ich gestohlen und dann so skrupellos untersucht hatte, der Sammler dieser außergewöhnlichen Dokumente mit Daten und Schlussfolgerungen, die womöglich eine ganz neue Weltsicht begründen konnten. Und über allem war er auch noch der Autor der Liebesbriefe, die ich am Vorabend so indiskret analysiert hatte. Da saß genau dieser Mensch, mir direkt gegenüber, eine lange Pause machend, um den geraubten Frieden wiederzufinden, was im Moment auch das Einzige war, das er wiedererlangen konnte.
„Nein, Direktor", sagte ich schließlich, „ich weiß nicht, was passiert ist."
„Also, dein Bruder Saúl kam, betrat stürmisch mein Zimmer und wollte Geld haben. Ich bat ihn, sich zu beruhigen. Er ließ sich in den Stuhl fallen, auf dem du gerade sitzt, mit vors Gesicht erhobenen Händen vor sich hin jammernd."
Yolza hielt einen Moment inne, den Blick starr geradeaus gerichtet, als versuchte er selbst erst einmal das Vorgefallene zu verstehen. Dann fuhr er fort:
„Ich nutzte einen günstigen Moment, um meiner Sekretärin eine Nachricht zu schreiben, sich dringend mit euch in Verbindung zu setzen. Dein Bruder war noch unschlüssig, was er tun sollte, murmelte unsinnige Dinge vor sich hin, als zwei schmutzige und ebenso durchgedrehte Typen die Schule betraten und sich auf meine Sekretärin warfen. Ich lief aus meinem Zimmer, um sie zu beruhigen, aber sie waren bewaffnet. Saúl, der mir gefolgt war, bat mich erneut um Geld. Ich gab ihm das, was ich in meiner Brieftasche hatte, und sofort verschwanden sie."
„Was für eine Schande!" Ich glaube, ich konnte das nur flüstern.
Der Direktor stand auf, um die Vorhänge zu schließen. Er war ein Mensch von recht kräftigem Körperbau, mittelgroß, bereits ergraut, insgesamt eine respekteinflößende Person. Nach dem zu urteilen, was ich in seinen Briefen

gelesen hatte, musste er Anfang vierzig sein, aber er sah deutlich älter aus. Das Beeindruckenste an ihm war seine Stimme. Immer wieder innehaltend und ruhig, strahlte sie Vertrauen und Gelassenheit aus. Etwas an ihr erinnerte mich an den Priester, der mir vor meiner ersten Kommunion die Beichte abgenommen hatte.
„Magst du einen Kaffee?", fragte er mich. Ich zog die Stirn in Falten und sagte augenblicklich: „Nein!"
Natürlich wollte ich einen Kaffee! Alles war mir recht, um den metallischen Geschmack im Gaumen zu vertreiben. Aber ausgerechnet mit dem „Guru" einen Kaffee zu trinken erschien mir doch etwas daneben. Ich? Das war doch kaum zu glauben ... "
„Ich möchte, dass du mir etwas von deiner Familie erzählst. Wie sind deine Eltern? Wie geht ihr Geschwister miteinander um?"
Ich bewegte meinen Kopf, ohne einen Ton herauszubringen. Meine Familie war das größte Desaster, das man sich nur vorstellen konnte.
„Auf, ich muss etwas über sie wissen! Und denke nur ja nicht, dass ich mich in etwas einmische, das mich nichts angeht. Dein Bruder hat mich vor einigen Minuten heftig darin verwickelt."
„Einverstanden", sagte ich schließlich. „Mein Vater ist recht dick, hat einen kurzen, borstigen Schnurrbart, hasst Krawatten und trinkt bei jeder Gelegenheit Kognak."
Tadeo Yolza lächelte. Ich hatte ihn vorher noch nie lächeln gesehen.
„Ich beziehe mich mit meiner Frage nicht auf Äußerlichkeiten. Mich interessiert sein Charakter."
„Er ist wie alle Männer, die ich kenne. Jähzornig, anspruchsvoll, auffallend. Er glaubt immer im Recht zu sein. Er erkennt keine anderen Wahrheiten an als seine eigenen. Meine Schwester Laura beschreibt ihn als eine dicke Mauer. Er ist total verschlossen, so dass man mit ihm nicht reden kann. Er sagt, natürlich könne man das, aber das ist einfach eine Lüge. Mein Vater lügt übrigens oft. Er hält sich anscheinend für einen Gott."
Ich fühlte, wie mir die Röte ins Gesicht stieg. Ich übertrieb natürlich in meiner Beschreibung, aber Yolza schien damit zufrieden zu sein.
„Und Saúl? Wie ist dein Bruder?"
„Früher war ein sehr fröhlicher Mensch. Er hörte viel Musik, sang gerne und amüsierte uns ständig mit seinen ausgefallenen Scherzen. Saúl war gebildet und tat alles irgendwie spielerisch, musste nie in der Schule ein Fach wiederholen. So war er, allerdings früher."
„Früher?"
„Bevor sie ihn das erste Mal aus der Vorbereitungsklasse herauswarfen. Er ging aufs *Amsterdam*, eine gute Schule. Das war so ungefähr vor fünf Jahren. Dieser bescheuerte Idiot verliebte sich in eine seiner Lehrerinnen.

Ich habe immer versucht ihm diesen Schwachsinn auszureden. Stellen Sie sich vor: Seine Lehrerin war verheiratet und zudem schwanger."
Mich durchfuhr ein Schreck über das, was ich gerade gesagt hatte. Es war ganz sicher Zufall, aber irgendwie passte es in ... Oh, mein Gott! Ich hatte nicht allzu viel von dem erfahren, was meinem Bruder Saúl vor fünf Jahren passiert war. Nur dass er seine Lehrerin küssen wollte und ihr Mann ihn verklagt hatte. Mein Vater hatte mir nicht erlaubt, zur Gerichtsverhandlung zu gehen, aber es schien, als hätte der Kläger sich plötzlich besonnen und die Anklage zurückgezogen, da das Problem plötzlich aus der Welt war. Das Seltsamste war, dass es seitdem verboten blieb, über dieses Thema zu Hause zu sprechen. Wir alle vergaßen es, außer Saúl, der niemals wieder derselbe wie vorher wurde.
„Meine Frau war ihr Leben lang Lehrerin", erklärte der Direktor langsam. „Ihre letzte Arbeitsstelle war genau in diesem *Amsterdam* gewesen. Ist so ungefähr fünf Jahre her."
Ich presste die Fäuste zusammen und spürte, wie der Schweiß mir die Wangen herablief.
Es war wahrscheinlich, dass das Unglück der Frau des Direktors in irgendeiner Beziehung zu dem meines Bruders stand.
Yolza schaute mich mit gerunzelter Stirne fest an. Sein Blick war so tief, dass es mir den Atem nahm. Ich stand auf mit der Absicht, sofort von hier zu verschwinden. Ich musste unbedingt weg, wollte alleine sein. Es war mir völlig egal, ob ich unhöflich war, aber kaum hatte ich den ersten Schritt Richtung Türe getan, war der Direktor schon hinter mir und hielt mich am Arm fest. Ich drehte mich erschrocken herum und schaute wieder in seine durchdringenden Augen. Er näherte sein Gesicht übertrieben nahe dem meinen, und mit absolut fester Stimme und sicherer Gebärde sagte er leise: *„Gib mir meine Aktentasche zurück!"*

5. DREI SCHRITTE ZU UMFASSENDER VERBESSERUNG

Zu Hause war eine Stimmung wie bei einer Totenwache: Papa gab am Nachmittag keine Sprechstunde und war deshalb früher als sonst von der Arbeit zurück. Laura ging ausnahmsweise nicht mit ihrer Freundin weg, und Mama verbrachte den Tag weinend wie Maria Magdalena.
Sie hatten in Krankenhäusern, Ämtern und Sozialhilfezentren nachgeforscht – nicht die kleinste Spur von Saúl. Da ich auf keinen Fall die allgemeine Niedergeschlagenheit noch verstärken wollte, hatte ich mir vorgenommen, über die Ereignisse des Morgens mit niemandem zu sprechen.
Ich konnte trotzdem nicht still sein, während wir miteinander zu Mittag aßen. Wir hatten seit Jahren nicht mehr zusammen gegessen. Normalerweise machte sich jeder das, was er konnte, zum Essen zurecht und ging dann mit seinem Teller weg, um in seinem eigenen Zimmer fernzusehen. Aber heute machte Mama ausnahmsweise etwas zu essen. Traurig, dass dazu der Stuhl meines Bruders leer sein musste, damit so etwas mal passierte.
„Ich glaube, Saúl ist nur deshalb von zu Hause abgehauen, um Euch eine Lektion zu erteilen", äußerte ich kühn und brach damit das Schweigen.
„Was sagst du?", fuhr Vater hoch.
„Ich sage, diese Familie hat Liebe nötig. Saúl schreit euch das zu. Ist euch das nicht klar?"
Mein Vater stand auf und sagte, er sei nicht in der Stimmung, meine Unverschämtheiten zu ertragen. Ich antwortete ihm, er sei nie in der Stimmung, wenn es sich darum drehte, seinen Kindern einmal zuzuhören. Daraufhin verfärbte sich sein Gesicht über die Maßen rot, und mit der Bemerkung, er hätte den Appetit verloren, zog er sich auf sein Zimmer zurück. Vorher wies er uns noch darauf hin, das ungeöffnete Paket auf dem Tisch sei ein Kuchen, den er für nach dem Mittagessen mitgebracht hätte. Die Frauen des Hauses waren erschüttert und begannen zu weinen, den Mann bittend, wieder ins Esszimmer zurückzukommen, aber der hörte nicht auf sie. Für mich war das wie eine Ohrfeige mit einem weißen Handschuh. Mein Vater machte das häufig, diese Art von Ohrfeigen auszuteilen, und ich hasste ihn deswegen. Aber ich wollte weder das Gesagte zurücknehmen noch ihn um Verzeihung bitten. Nach meinem Gefühl ließ seine Art, Vater zu sein, extrem viel zu wünschen übrig.
Meine Mama stand auf und trocknete sich die Tränen mit einem Küchentuch ab. Sie begann mich zu tadeln, weil ich Vater so anmaßend geantwortet hätte. Daraufhin änderte sie den Tonfall ihrer Stimme und erklärte mir süßlich weich, dass Papa insgesamt angespannt und nervös

sei. Ich hörte ihr nicht zu. In diesem Haus hörte keiner dem anderen zu, warum also sollte ausgerechnet ich das machen? Mama näherte sich mir sanft und streichelte mir den Kopf. Ich wollte diese Art Zärtlichkeit nicht und wiederholte auf meine Art die Szene von Papa: Ich warf die Serviette in die Luft und ging auf mein Zimmer. Die beiden Frauen des Hauses blieben alleine. Ich glaube kaum, dass sie noch Appetit hatten.
In meinem Schlafzimmer setzte ich mich aufs Bett und verharrte so stundenlang, vor mich hin denkend, ohne mich zu bewegen. Ich fühlte mich irgendwie traurig und reumütig. Warum war mein Vater nur so überheblich und schwierig?
Ich ergriff die Dokumentensammlung mit den biblischen Sprüchen und ließ unruhig meinen Blick darüber schweifen. Mit stockendem Atem suchte ich Empfehlungen heraus, die ich meinem Vater weitergeben könnte. Ich nahm Füller und Papier und begann, sie abzuschreiben. Als ich damit fertig war, wollte ich mein Zimmer verlassen, um das Blatt unter der Tür meines Vaters durchzuschieben. Es war die einzig mögliche Art, zu gewährleisten, dass es auch ankäme. Wenn ich ihn riefe, würde er mir sicherlich nicht nur nicht öffnen, sondern auch noch eine Beleidigung an den Kopf werfen.
Ich betrachtete die anonym verfassten Ratschläge zweifelnd. Als ich aufstand, bemerkte ich, wie meine Hand zitterte. Deshalb las ich sie noch einmal, bevor ich mich endgültig zu etwas entschied:

Vermeide es, in Deinem Haus zu schreien.

Sei schnell bereit zu hören und langsam gegenüber dem Zorn. (siehe Jakobus 1, 19)

Eine sanfte Antwort beruhigt den Zorn und beendet frühzeitig den Streit. (siehe Sprüche 15, 1)

Eine sanfte Zunge ist ein Baum des Lebens, eine verdorbene bricht die Bande des Herzens. (siehe Sprüche 15, 4)

Vergelte nicht Böses mit Bösem und Beleidigung mit Beleidigung. Übe Mitgefühl und bedingungslose Liebe, sei gehorsam und treu, so wirst Du dein Heim segnen. (siehe 1. Petrus 3, 8;9)

Wenn Du in Versuchung bist, jemanden zu verurteilen, halte inne und erinnere Dich daran, dass sich der Sünder dessen nicht voll bewusst ist, was er tut und Dein Verzeihen verdient. (siehe Lukas 23, 34)

Ich schüttelte den Kopf. Mein Vater war Arzt, und alle Ärzte, die ich kannte, hatten nie Zeit für ihr Heim und glaubten außerdem, die alleinigen Besitzer der „unbegrenzten Weisheit" zu sein.
Nein! Wenn ich ihm das Blatt unter der Tür hindurchschob, gab ich ihm damit ganz sicher einen weiteren Anlass, mich zu verdammen. Und ändern würde es ihn ohnehin nicht!
Also kehrte ich auf mein Zimmer zurück und vertiefte mich aufs Neue in die Schriftstücke von Yolza. Ich blätterte sie eine Weile durch und nahm am Ende eines aus der zweiten Mappe heraus, in der sich sein Material für Konferenzen befand.
Eine seltsame Fügung des Schicksals ließ mich gerade die Notizen herausgreifen, die mir mit ungeheurer Klarheit Antworten auf die mich drängenden Fragen gaben.
Aber bevor ich mich überhaupt mit der Lektüre anzufangen traute, las ich mehrere Male den Titel:

DREI SCHRITTE ZU UMFASSENDER VERBESSERUNG

Einleitung

Die Wahrheiten der Liebe existieren seit Anfang aller Zeiten. Sie sind Teil der göttlichen Schöpfung.
Um wirklich zu wachsen, musst du sie kennen lernen. Suche sie überall: in Büchern über persönliche Weiterentwicklung, in der Bibel, in Seminaren über „Erfolg", in Abhandlungen über Moral und Ethik, in Ratschlägen von Freunden, in Gedichten und Liedern. Die Wahrheiten der Liebe befinden sich in deiner Nähe, du musst sie lediglich in dich aufnehmen. Mit ihrer Hilfe wirst du in Kontakt mit einer äußerst mächtigen Energie kommen, die du bis jetzt noch nicht entdeckt hast, da sie tief in dir schlummert; eine Energie, mit der du die Verwirklichung eines jeden Tages und Glück in deinem Leben erlangen kannst.
Die Wahrheiten der Liebe werden uns auf vielfältigste Weise gegeben, und trotzdem besteht die Gefahr, ihnen gegenüber immun zu bleiben. Fast jeder Mensch hat viel darüber im Laufe seines Lebens gehört, was ihn glauben lässt, alles darüber zu wissen. Deshalb nehmen erwachsene Menschen kaum einen Rat an und entwickeln sich mit beschämender Langsamkeit, im Vergleich zu der Schnelligkeit, mit der Jugendlichen wachsen können.
Die große Mehrheit der Erwachsenen kennt bereits in der einen oder anderen Form all das, was du ihnen bezüglich ihrer persönlichen Weiterentwicklung sagst. Aber es reicht bei weitem nicht, diese Ideen zu kennen und wie ein Prediger zu rezitieren.

Es gibt Menschen, die ein ungeheures Wissen über Erfolg im Leben angehäuft haben und trotzdem völlige Versager sind.
Also: Besorge dir Unterlagen und Bücher, lies eifrig und wende das Gelesene dann an, indem du sorgfältig den drei Schritten folgst, die unumgänglich sind, damit die gelesenen Wahrheiten auch wirksam werden:

Erster Schritt: Beuge deinen Hochmut

Stell dir vor, du stehst so nahe am Rande eines steilen, kargen Berghanges, dass du mit dem nächsten Schritt in den Abgrund fallen würdest. Du hältst inne und schaust. Dir gegenüber, eigentlich nah und doch unerreichbar, befindet sich ein anderer Berg mit wunderschönen grünen Wiesen. Du kannst ihn deutlich sehen, aber nicht zu ihm hinübergelangen. Du brauchtest eine Brücke.
Genau an diesem Punkt befindet sich der Mensch, der glaubt, die Weisheit zu besitzen. Er kennt die Geheimnisse des Triumphes und ist im Stande, über sie reden, aber kann sie nicht leben. Er befindet sich am Rande des Abgrundes, und obwohl er den Berg mit der prächtigen Aussicht in ganzer Klarheit sehen kann, kommt er nicht weiter. Es fehlt ihm die Brücke, um nach drüben zu gelangen: die Brücke der Bescheidenheit.
Wenn du Ratschläge der Liebe hörst, merkst du normalerweise, dass dir noch vieles fehlt. Sei dir darüber im Klaren, dass du noch mehr lernen musst, als du vor dir zugeben willst und dich selbst ein Kind weiterbringen könnte, wenn du nur aufnahmebereit wärst. Mache dich sensibel und lege Hochmut und Eitelkeit zur Seite. Halte dich nicht mit dem äußeren Anschein auf. Lenke dich nicht damit ab, die Erscheinung oder die Stimme eines Redners in einer Konferenz zu kritisieren. Ergötze dich nicht unnötigerweise mit der Suche nach Fehlern am Stil eines Schriftstellers. Mach dich nicht lustig über verworrene Äußerungen. Urteile nicht über die Fehler eines Lehrers. Sei bescheiden und bleibe aufmerksam. Nur so bist du im Stande, den dichten Nebel der äußeren Erscheinungen zu durchschreiten und etwas von dem Licht zu empfangen, das sie dir geben.
Zum Beispiel kann dich Ruhmessucht daran hindern, die Wahrheiten zu entdecken. Sei kein eitler Dummkopf, der sich für besser als den Erzähler hält, nur weil er die Geschichte schon einmal gehört hat und den Schluss bereits kennt. Schließe dich aus und lerne.
Typische Sätze eines Erwachsenen sind: „Das ist doch klar.", „Das wusste ich bereits.", „Das ist nun wirklich nichts Neues für mich.", „Viel gesagt, um etwas so Banales auszudrücken!" Vermeide diese Äußerungen der Stagnation. Selbst wenn man die Dinge kennt, reicht das nicht aus, man muss sie auch leben. Öffne deinen Geist, sei feinfühligen Herzens und bewahre die zum Lernen notwendige Stille. Nur so kannst du tief in dich aufnehmen, was der Hochmütige lediglich hört. Es gibt keinen anderen Weg zu wahrer Größe: Beuge deinen Hochmut.

Wenn du das tust, beginnst du die Brücke der Bescheidenheit zu überqueren, und etwas wird unumgänglich eintreten: Du wirst erschüttert und empfindsam. Du wirst anfangen zu weinen. Wenn der Eitle sein Ego zerbricht, wird er von Rührung ergriffen und mit Tränen in den Augen erkennen: Das, was ich bisher nur hörte, ist wahrhaft groß und machtvoll. Ich hatte es bereits gewusst, aber niemals tief in mich aufgenommen!
Und nur dann beginnst du zu wachsen.

Zweiter Schritt: Verharre in Einsamkeit

Was gibt es auf der anderen Seite der Brücke der Bescheidenheit? Was passiert im menschlichen Geist, nachdem er sie überquert hat, erschüttert ist und weint? Man betritt die wunderschöne Wiese, erlebt am eigenen Leib die gehörten und gelesenen Konzepte der Verbesserung und des Wachstums und wird über-schwemmt von Wünschen, sich zu ändern und besser zu sein. Man macht große Pläne, spürt eine enorme Motivation – und sonst nichts.
Bis hierher kommen sehr viele – aber nach einigen Tagen kehren wir über dieselbe Brücke in Richtung auf die vorherige Mittelmäßigkeit zurück. Der Unterschied ist nur, dass wir nun glauben, die Erfahrung und Weisheit aus diesen prächtigen Worten zu besitzen, leider jedoch für unser Alltagsleben völlig unnütz.
Das gerade Genannte passiert uns, wenn wir nach einer Zeit des Sich-Zurückziehens, dem Besuch eines Seminars oder der Lektüre eines anregenden Buches wieder in die Aktivitäten und Probleme des Alltags eintauchen. Es ist ein ganz normales Phänomen: Stets vergisst der Mensch sehr schnell seine Vorsätze und kehrt zu dem zurück, der er vorher war.
Wenn du darüber hinauskommen und das Gelernte anwenden willst, musst du vorsichtig sein, um nicht direkt wieder zurückzufallen. Dann musst du den zweiten Schritt gehen: Dich in Einsamkeit darum bemühen, auf deine dir eigene Weise die Konzepte zu begreifen und zu verinnerlichen.
Die Philosophie des Erfolges ist wie ein Parfüm, das erst dann seinen Geruch entfalten kann, wenn es sich mit deiner eigenen Essenz verbunden hat. Denke über die Dinge und Theorien, die man dir gesagt hat, nach. Kläre sie auf deine Weise, denn nur so kannst du sie in deine eigene Wahrheit umwandeln.
Wenn du an diesem Punkte angelangt bist, musst du dich zurückziehen und hinter verschlossener Türe ausgedehnte Gespräche mit dir selbst führen. Du musst beten, meditieren, entspannen, damit die neuen Vorstellungen in dich eindringen können. Nur wenn sie mit den dir ganz eigenen Schlussfolgerungen in Übereinstimmung kommen, wirst du das Gelernte in deinem Leben anwenden können.

Die Übung in Einsamkeit ist unumgänglich. Sie muss beständig sein, wenn sie eine Gewohnheit ändern soll. Nur in ihr erfährst du die wahre Tiefe der „göttlichen Konzepte", die dir Alternativen der Wirklichkeit anbieten. Viele Menschen fürchten sich dermaßen vor der Einsamkeit, dass sie sofort den Fernseher anmachen, mit Freunden telefonieren oder sich auf andere Weise ablenken, wenn sie sich alleine fühlen. Sie werden niemals den Sumpf der Mittelmäßigkeit hinter sich lassen.
Lerne, dich an deiner eigenen Gesellschaft zu freuen. Nur so kannst du die Weisheit assimilieren, die dich weiter Richtung Gipfel bringt.

Dritter Schritt: Gib Zeugnis von deinen Schlussfolgerungen

Nach einer Zeit des Alleinseins in Meditation wirst du nun deine Schlussfolgerungen mit den Menschen teilen müssen. Hab keine Angst, etwas zu sagen, was bereits gesagt worden ist. Deine ganz spezielle Weise, dich mitzuteilen, kann für viele mächtiger und aufschlussreicher sein als alle die Arten, die sie vorher kennen gelernt haben. Gott kann deinen einzigartigen Stil, dich auszudrücken, benutzen, um irgendein verlorenes Leben zu retten. Also sprich, schreibe, halte Kurse, gib Ratschläge. Verwandele dich in einen öffentlichen Verkünder der Liebe und der Erfahrungen, die du in Einsamkeit in deine Wahrheit integriert hast.
Hüte dich jedoch davor, dich in einen Marktschreier und Wichtigtuer zu verwandeln. Brüste dich nicht mit deinen Kenntnissen, unterrichte nicht mit Hochmut. Praktiziere beständig die Bescheidenheit des Geistes und die Meditation in Einsamkeit. Wenn du das befolgst, kannst du ohne Furcht zu den Menschen sprechen und Ratschläge geben.
Es macht nichts, dass du bisher noch nicht die Wirksamkeit deiner Theorien überprüfen konntest. Das erreichst du ohnehin nicht, bevor du sie mitteilst. Es gibt sehr tiefgründige Menschen, die ihr Wissen nicht mitteilen in der irrigen Überzeugung, zuerst einmal müssten ihre Geheimnisse sie in jemand Höheres transformieren. Aber das wird niemals eintreten. Die Wahrheiten der Liebe transformieren einen Menschen erst dann, wenn er sie weitergegeben und somit den Kreis des Miteinander-Teilens geschlossen hat. Es ist wie bei einer Goldbrosche, die nur dann ihren Glanz offenbaren kann, wenn sie mit all ihrer Schönheit und Erlesenheit nach außen gezeigt wird. Dies ist ein unfehlbares Gesetz: Ein Mensch kann die Ideen, an die er glaubt, erst dann in ihrer Ganzheit leben, wenn er sich ihrer Weiterverbreitung verpflichtet, sei er Laie oder gar Priester, Psychologe oder Schriftsteller zu Themen des persönlichen Wachstums.
Mit großen Schätzen ist es wie mit Wasser: Wenn es nicht weitergegeben wird und nicht fließt, verwandelt es sich in stehendes Wasser, das in kürzester Zeit fault und seinem Besitzer Schaden zufügt.

Erinnern wir uns: Um Erfolg im Leben zu erreichen, musst du dich erst einmal in innigen Kontakt mit den Gedanken der Liebe bringen – und dann drei einfache Schritte befolgen:

1. Die Bescheidenheit des Herzens üben
2. Meditieren in Einsamkeit
3. Zeugnis geben von deinen Schlussfolgerungen

Keines dieser drei Elemente darf fehlen!
Nun weißt du es. Der Weg zum Erfolg liegt vor dir. Du musst ihn nur gehen.

6. AUFRUHR IM KLASSENZIMMER

Sie wollten gerade das schwere eiserne Gitter herunterlassen, als ich das Geschäft betrat. Mein Atem ging hörbar und heftig. Vielleicht bedienten sie mich deshalb noch, obwohl eigentlich Ladenschluss war.

„Ich möchte eine Kopie von jedem Blatt", sagte ich keuchend und legte den umfangreichen Inhalt der drei Mappen auf den Ladentisch.
„Du musst sie hierlassen und dann später abholen"
„Kann ich nicht. Es ist dringend! Ich muss sie morgen ganz früh zurückgeben."
Das war die Wahrheit.
Die Angestellte machte eine genervte Handbewegung und drehte sich um, um den Inhaber zu suchen. Dieser kam persönlich, nahm die Blätter und begann sie zu fotokopieren. Sie gaben mir die Blätter total durcheinander zurück. Ich brauchte zu Hause fast eine Stunde, um sie wieder in Ordnung zu bringen, aber es lohnte sich. Ich konnte die Aktenmappe ihrem Besitzer doch nicht zurückgeben, ohne mir von dem Material, das meinen Geisteszustand dermaßen durcheinander gebracht hatte, Kopien aufzubewahren.

Mit der Gelassenheit eines Menschen, der den Stieren, geschützt von der sicheren Absperrung, zuschauen kann, heute jedoch in einer Art Filmrückblick aus der Bequemlichkeit meines Zimmers heraus, kann ich sagen, dass es das Vernünftigste meiner ganzen Jugend war, diese Blätter zu fotokopieren. Seit damals denke ich daran, das Gelernte eines Tages aufzuschreiben. Was ich nun zu Papier bringe sind Erinnerungen an Geschehnisse, die so viele Jahre zurückliegen, dass ich sie aus einer großen Schublade meines Gedächtnisses herausziehen muss, in der sie alle zusammen liegen, durcheinander und verworren, so dass ich sie erst einmal wieder zeitlich ordnen müsste. Mir ist klar, dass ich das heute ohne die Fotokopien, die ich im Laufe meines Lebens immer wieder gelesen habe, nicht sehr getreu machen könnte. Durch sie habe ich übrigens eine Art zu Schreiben angenommen, die ähnlich derjenigen ist, die der Direktor in seinen Abfassungen benutzte. Deshalb sind auch die Bemerkungen, die ich heute in den Mund des Jugendlichen lege, der ich damals war, nicht in der blumigen und vulgären Sprache, die ich wahrscheinlich früher verwendete.

Am nächsten Tag kam ich sehr früh zur Schule, vor Herrn Yolza und Gabriela. Ich kundschaftete erst einige Minuten das Verhalten der Reinigungskraft aus. Als diese ihren Raum verließ und mit dem Blick fest

nach unten den Fliesenboden putzte, schlich ich vorbei, um die lederne Aktenmappe auf den Schreibtisch in der Direktion zu legen. Weder hinterließ ich eine Notiz noch wollte ich auf ihren Besitzer warten. Wie ein Pfeil war ich in meiner Klasse. Meine verschwitzten Hände wischte ich mir an der Hose ab.
Ich hatte mich wieder einmal auf meine Art aus der Affäre gezogen. Aber so würde das nicht immer gehen.

Unser Lehrer kam spät in die Klasse. Der Raum war leicht überbelegt, und das Durcheinander der Schüler ohne Aufgabe glich einem Volksfest. Einige gaben Töne von sich, andere erzählten sich flache erotische Witze, wieder andere zogen und schlugen sich in grobem und gefährlichem Übermut. Einige bekleksten die Wände, während andere Hund und Hase spielten und sich dabei rücksichtslos über Pulte und Klassenkameraden hinweg verfolgten, als ob diese gar nicht vorhanden wären. Und mit jeder Minute wurde das Geschehen hitziger.
Ein Lehrer, der zu spät in eine Vorbereitungsklasse kommt, kann durchaus die Schuld daran tragen, dass die Schüler am Ende die Einrichtungsgegenstände verbrennen. Und Professor Ricardo war unpünktlich, außerdem ängstlich und verträumt.
Als er den Saal mit 40 Minuten Verspätung betrat, machte niemand auch nur den geringsten Versuch, sich zu benehmen. Der Raum hatte sich in eine Orgie verwandelt. Überall war Geschrei und Gejammer zu hören, im Wettstreit mit Geblöke und Gebrülle. Die sich oben auf den anderen befanden, machten Bemerkungen über die Mädchen. Die beschwerten sich und antworteten mit Gegenangriffen. Es war heiß und feucht. Der Lehrer versuchte uns zum Schweigen zu bringen, aber er wurde tobend ausgepfiffen und bekam zudem kleine Papiergeschosse ab, die aus Heften und Stiften hergestellt worden waren. Wie ein verängstigtes Kind bedeckte er sich das Gesicht, unfähig sich zu wehren, und wir alle lachten über ihn. Wir waren keine Gruppe von Gewalttätern, wie man sie aus amerikanischen Filmen kennt, sondern gewöhnliche, ausgelassene, aber fehlgeleitete Jugendliche, die über die Stränge schlugen.
In dieser Schule hätte fast jeder Lehrer das Spektakel beenden und uns wieder unter Kontrolle bringen können, nicht aber Ricardo. Ihm fehlte einfach die Autorität. Sie hatte ihm immer gefehlt.
„Hey", sagte er zu uns kaum hörbar, „beruhigt euch, oder ich rufe den Direktor."
Wir wussten, dass er sich das nicht trauen würde. Das wäre eine offene Unfähigkeitserklärung vor seinem Chef gewesen.

Wahrscheinlich war der Lärm, der an jenem Tag in diesem Klassenzimmer produziert wurde, so groß, dass er alle Winkel der Schule durchdrang. Plötzlich öffnete sich die Türe – und Herr Yolza erschien. Die Schreie wurden leiser, bis sie nur noch ein Murmeln waren. Wir kehrten alle an unsere Plätze zurück, hofften, uns hinter der ruhig gewordenen Gruppe verschanzen zu können. Niemand wollte sich exponieren und wegen des Vorgefallenen gerügt werden.
Der Direktor betrat den Klassenraum, schob dabei mit den Füßen den Abfall zur Seite, den er auf seinem Weg antraf. Er warf einen niederschmetternden Blick auf den Lehrer, der seine Augen beschämt senkte. Dann schaute er uns an. Dieser Mann hatte Präsenz und Autorität. Bei einigen Gelegenheiten hatte man ihm dabei zuschauen können, wie er ohne jegliche Angst überhebliche Schüler herauswarf, die das doppelte Gewicht wie er hatten. Außerdem war es seine Schule.
Plötzlich bemerkte ich, dass er in der rechten Hand die blaue Mappe aus der Aktentasche hielt, in der seine maschinengeschriebenen Abfassungen waren, so als wäre er gerade dabei gewesen, sie zu lesen und hätte sie in der Eile, mit der er zum Klassenzimmer gelaufen war, unbewusst mitgenommen. Der Gedanke, er könne etwas zu der gerade zurückgegebenen „Beute" sagen, beunruhigte mich stark, so dass ich mich klein machte, in dem Versuch, nicht aufzufallen.
Herr Yolza ging vor der Tafel auf und ab, ohne etwas zu sagen. Als er aus den Augenwinkeln die künstlerischen Werke auf ihr bemerkte, ließen sich einige verstohlene Lacher hören. Auf der Tafel hatte jemand die schlappe und lange Karikatur des Professors Ricardo entworfen, in obszöner Weise vereinigt mit der pummeligen Figur der Professorin Anita. Innerhalb der Konturen des Gemäldes waren, wie in einer Röntgenaufnahme, die Fortpflanzungseinheiten der Dozenten gezeichnet: eine dicknasige Kaulquappe, die sich auf eine lächelnde Kugel warf, die ihr die Arme entgegenstreckte.
Yolza zögerte etwas mit seiner Reaktion. Schließlich ergriff er den Schwamm und ließ mit entschlossener Hand das Bild verschwinden.
„So eine Schande", dachte ich, „diese tolle Zeichnung!"
Dann ließ der Direktor den Blick über sein sonderbares Publikum schweifen und bewegte dabei den Kopf hin und her. Er schien müde und besorgt. In seinem Aussehen bemerkte ich keinerlei Verärgerung, es war eher so etwas wie Desillusioniertheit.
„Es stört mich nicht, was hier passiert ist", sagte er schließlich mit schwerer Stimme, „ihr seid Jugendliche, voller Energie, und eure Euphorie fließt über die Muskeln aus euch heraus." Er zuckte die Achseln. „Das ärgert mich nicht, es ist völlig normal. Ich will damit sagen, auch ich war Schüler,

und es hat uns immer Spaß gemacht, verrückt zu sein und die Autoritäten herauszufordern. Das verstehe ich gut."

Er wirkte wie ein Mönch in einem Kloster, der darum kämpft, asketische Lehren zu verstehen. Langsam begann er, von einer Seite des Klassenzimmers auf die andere zu gehen. Die Schüler waren verwirrt. Wir hatten erwartet, heftig eine aufs Dach zu bekommen, aber wie der Chef vor uns hin und her ging, schien es eher, als hätte *er* ein großes Problem und benötigte *unsere* Hilfe.

„Ich versuche zu verstehen", begann er und hob dabei die Stimme, „warum ältere Jugendliche so wie ihr, die bereits auf der Universität studieren könnten, beschlossen haben, ihr Leben zu vergeuden. Warum sie sich keine Sorgen machen, wie sie wieder aus dem Loch herauskommen, in dem sie sich gerade befinden. Warum sie immer wieder mit solch einer frechen Unbekümmertheit Fächer wiederholen. Und warum sie sich noch so benehmen wie Heranwachsende von dreizehn Jahren. Warum?"

Mittlerweile hatte er die Lautstärke seiner Stimme dermaßen erhöht, dass das anfängliche Murmeln, als wir ihn noch etwas zögern sahen, völlig verschwunden war.

Yolza erhob mit der rechten Hand die blaue Mappe, die die Ausführungen zum Thema „Persönliche Weiterentwicklung" enthielt, und warf uns folgende Worte direkt an den Kopf:

„Ich habe ganze Nächte damit verbracht, den Grund herauszufinden, warum sich so viele, anscheinend völlig normale junge Leute, aus Willensschwäche gehenlassen und warum sich Kinder aus guten Familien zu rebellierenden Verlierern verwandeln. Aber noch fehlen mir einige Bausteine." Er ließ das Aktenbündel auf den Schreibtisch fallen, als ob ihm nichts von dem, was darin zu finden war, weiterhelfen könnte. „Ihr seid diese Jugendlichen, und eins von beiden muss der Fall sein: Entweder gibt es etwas in euren Gefühlen, das ich noch nicht kenne, oder ihr seid eine Reihe von „Dummköpfen im Quadrat".

Die Worte des Direktors erregten die Gemüter der meisten. Er war weder gekommen uns zu korrigieren noch uns zu bestrafen, er hatte offenbar andere Absichten. Er wollte sich an unserem Leben beteiligen, was uns, da wir es nicht gewohnt waren, erst einmal in Abwehrhaltung brachte. Aber dann gefiel uns das seltsamerweise, sogar überaus.

„Ich will heute etwas tun, was ich noch nie getan habe. Ich will mit euch wie ein Freund sprechen. Wie ein Freund, der helfen möchte, aber womöglich auch selbst Hilfe braucht. Der Gedanke raubt mir den Schlaf, dass diese „römische Orgie", die hier vor nur wenigen Minuten stattfand, der gemeinsame Nenner eures Lebens sein soll. Ich weiß nicht, ob ihr mich

versteht, aber wenn ich unfähig sein sollte, das zu ändern, verliert meine Arbeit an diesem Ort ihren Sinn."
Ich verstand das. Meine Klassenkameraden nicht. Aber niemand sagte etwas. Alle hörten zu. Die Intelligenten zeigten guten Willen, der Rest war immerhin dazu bereit, sich diesen ungewöhnlichen Unterricht anzuschauen.
„Ich werde damit beginnen, euch meine Ansichten mitzuteilen, aber ich sage euch gleich, ich bin nicht gekommen, um große Vorträge zu halten. Ich möchte hören, was ihr davon haltet, möchte euch widersprechen und möchte, dass ihr mir widersprecht. Heute ziehen wir alle etwas Gutes aus dieser Sitzung, einverstanden?"
Niemand antwortete. Wir waren dermaßen an Rüffel, Drohungen und Anschreien gewöhnt, dass uns diese Art von Entgegenkommen verwirrte. Der Direktor wirkte begierig, sich mit uns auszutauschen, als ob er sicher sei, etwas zu bekommen, sei es von diesen Jugendlichen, die ihm so unbegreiflich waren, oder von dieser Reihe von Dummköpfen im Quadrat".
Ich erinnerte mich daran, dass *Schlichtheit des Herzens* der erste Schritt zum Lernen war. Das bedeutete, weder zu kritisieren noch Fehler zu suchen, noch die Erscheinung des Vortragenden zu beurteilen, wollte man eine Botschaft wirklich empfangen. Und da ich gerade von unserem Schulleiter ein klares Beispiel für Bescheidenheit erhielt, wollte ich die gleiche Haltung entgegenbringen.
Ich wusste nicht, was meine Klassenkameraden dachten, aber man konnte eine aufmerksame Grundstimmung vermuten. Ganz sicher jedoch konnte sich zu diesem Zeitpunkt noch niemand vorstellen, dass diese Stunde zu einer der unvergesslichsten Lektionen unseres Lebens werden würde.
„Ich bin zu der Überzeugung gelangt, dass die Mehrheit von euch in vielen Aspekten bereits reif ist, außer in einem: *dem Gefühl der gesellschaftlichen Anerkennung*. Deshalb seid ihr in euren Studien gescheitert und begeht so viele Irrtümer. Menschen brauchen die Anerkennung und Liebe der anderen. Das ist eine psychologische Notwendigkeit des menschlichen Wesens. Als Beweis dafür könnt ihr ansehen, wie schnell der Ärger in uns wächst, wenn wir uns fehl am Platz, als Außenseiter und ignoriert vorkommen. Es ist also sehr einfach: Ihr fühlt euch nicht ausreichend geliebt und akzeptiert!"
Zu diesem Zeitpunkt schien niemand von uns mit seiner Diagnose einverstanden zu sein, und einige meiner Klassenkameraden rutschten auf den Rand ihrer Stühle vor, um zu protestieren. Mich sprach sie etwas an. Auf jeden Fall gestaltete sich die Polemik interessant. Der Schulleiter ging zum Pult, nahm die blaue Mappe in seine Hände und blätterte in ihrem

Inhalt, bis er irgendwann innehielt und zu lesen anfing: „Ein Mensch, der sich wenig akzeptiert fühlt, nimmt einige der folgenden Gewohnheiten an:

1. Er zieht sich zurück und verwandelt sich in ein schweigsames, ängstliches und scheues Wesen.

2. Er macht Witze, üble Scherze oder verhält sich aggressiv, immer versteckt zwischen den anderen.

3. Er hat eine ausgesprochene Tendenz, von sich selbst zu reden und ist nicht fähig, jemandem zuzuhören, ohne gleichzeitig daran zu denken, was er antworten wird, um weiterhin toll dazustehen.

4. Er nimmt angepasste Haltungen ein. Um akzeptiert zu werden, täuscht er etwas vor, was er nicht ist, und äußert Dinge, die er nicht glaubt.

5. Er ist ängstlich und unterwürfig gegenüber Mächtigen, herrisch und spöttisch gegenüber denen, die lediglich glauben, Macht zu haben.

6. Er etikettiert sich in quasi allem selbst. Häufig klassifiziert er sich, indem er sagt: „Ich bin einer von denen, die ... "

7. Er sorgt sich ungewöhnlich viel um seine äußere Erscheinung.

8. Er kritisiert beständig an anderen herum."

Die Stimme von Herrn Yolza hallte im Klassenraum wider. Langsam schloss er seine Mappe und schaute uns, einen nach dem anderen, zum ersten Mal richtig an. Meine Klassenkameraden, die so schnell protestieren wollten, hatten sich eines Besseren besonnen. Und als ich die Hand hob, konzentrierten sich die Blicke aller auf mich. Ich selbst war über mein Verhalten erstaunt. Aber was der Professor vorgelesen hatte, erschien mir einfach ungeheuerlich. Ich konnte mich mit allen acht Punkten identifizieren!

Als mir Yolza das Wort erteilte, schlug mein Herz so heftig, dass es weh tat. Über etwas war ich mir in diesem Moment absolut sicher: Niemand würde von hier fortgehen, ohne etwas gelernt zu haben.

7. DIE PRIORITÄTENSKALA DER WICHTIGSTEN MENSCHEN IM LEBEN

„Ich bin damit nicht einverstanden", brachte ich hervor, ohne mir genau klar zu sein, was ich überhaupt ausdrücken wollte. „Es kann ja sein, dass uns etwas davon fehlt, was Sie erwähnten, ich kann mich sogar mit allen acht Punkten identifizieren."
Meine Ausführung wurde durch ein allgemeines Gelächter unterbrochen, das die Spannung auflöste und in mir ein unerwartetes Lächeln hervorrief. Auch Yolza lächelte.
„Wartet." Er hob eine Hand, um die Ruhe wiederherzustellen, "Was ich sagen will ist, dass es von enormer Wichtigkeit ist, von den anderen akzeptiert zu sein, aber ich glaube nicht, dass es auch nur eine einzige Person gibt, der das vollständig gelingt. Immer wird es jemanden geben, der uns geringschätzt."
Wie als Zeichen der Zustimmung erhob sich ein Gemurmel, noch mit etwas Heiterkeit vermischt wegen meines gerade geäußerten Geständnisses. Ich nahm selbstgefällig Platz.
„Auf was beziehst du dich, Gerardo? Von *allen* akzeptiert und geliebt zu sein?", fragte der Professor, dabei einen übertriebenen Nachdruck auf das Wort 'allen' legend. Wenn das so ist, hast du völlig recht. Es gibt niemanden auf dieser Erde, der das erreicht. Aber wir können einen Menschen, der sich abgelehnt fühlt, an diesen acht Charakteristika erkennen, obwohl wir normalerweise nicht alle manifestieren. Wo, glaubst du, liegt also der Schlüssel?"
Ich blieb stumm, merkte, wie mein Herzschlag wieder zunahm. Der Schlüssel? Ich erinnerte mich, wie ich gerade erst vergangene Nacht begierig auf die Antwort darauf gewesen war. Jetzt in diesem Moment fiel mir überhaupt nichts dazu ein.
„Eine Skala der Werte?", sagte schüchtern die unauffällige, aber intelligente Klassenkameradin Avelina.
„Genau", schoss es aus Yolza hervor. „Das ist es! Obwohl wir nicht von Werten sprechen werden, weil uns das zu sehr an Gebote erinnert wie sich um Rechtschaffenheit bemühen, sich Bildung zu erwerben, die Wahrheit zu verteidigen und ähnliche mehr. Besser sprechen wir von einer „Skala der wichtigsten Menschen im Leben". Es ist wichtig, oder besser gesagt absolut dringend, dass jeder von euch eine Liste der Personen anfertigt, mit denen er zusammenlebt, um sie danach in der Reihenfolge der Wichtigkeit zu ordnen: Freundin, Freunde, Schulkameraden, Arbeitskollegen, Bekannte, Nachbarn, entfernte Verwandte, Eltern, Geschwister usw. Wenn

diese Liste einmal aufgestellt ist, muss die Liebe zu denjenigen ganz besonders gepflegt werden, die die obersten Plätze in unserer Liste einnehmen. Die übrigen Personen müssen uns in dieser Hinsicht nicht besonders interessieren. Versteht ihr das? Zum Beispiel bittet euch jemand, der einen niedrigen Platz in eurer Hierarchie der gegenseitigen Wertschätzung einnimmt, um etwas, mit dem ihr nicht einverstanden seid, und ihr weigert euch. Dann wird euch die Ablehnung, das Lächerlich-Machen oder die Aggression, die ihr wegen dieser Weigerung bekommt, nicht wirklich berühren. Vielleicht belästigen, aber nicht mehr. Denn jeder von euch kennt seine wichtigsten Beziehungen. Ihr seid geliebt von den Menschen, die euch wirklich wichtig sind – und fertig! Vor euch selbst und vor den anderen werdet ihr allmählich das Bild von reifen und sicheren Persönlichkeiten entfalten, die niemandes Marionetten sind. Ihr werdet euch von arroganten Menschen distanzieren, die ihre Scheinsicherheit nur daraus beziehen, dass sie die Aufmerksamkeit anderer erregen. Und ihr werdet auf andere Weise an der Gesellschaft teilnehmen, als ihr euch gerade eben hier verhalten habt."

Yolza beendete seine Ausführungen und schaute mich wieder ganz direkt an, vielleicht zufällig, vielleicht auch nicht.

„Was glaubst du?", fragte er mich. Wie sähe deine Skala der wichtigsten Menschen aus?"

Ich weigerte mich zu antworten. Wenn er beschlossen haben sollte, mich mit Fragen zu durchlöchern, nur weil ich mir für zwei Tage seine Aktentasche „ausgeliehen" hatte, dann würde ich ihm zeigen, wie stur ich sein konnte.

Außerdem konnte der Direktor sicher sein, dass er bestimmt nicht oben in meiner Liste stand, so dass mich eine Ablehnung seinerseits ohnehin kaltlassen würde.

„Möchte sich jemand beteiligen?", fragte er, nachdem er meine geringe Bereitschaft dazu bemerkt hatte und zeigte mit dem Finger auf Tomás, einen Klassenkameraden, den er gerade mit anderen Gedanken beschäftigt sah.

„Gut", antwortete dieser zu unserer Überraschung, „ich würde sagen, die wichtigsten Personen für mich sind meine Freundin und zwei, höchstens drei Freunde; dann meine Mutter und danach alle anderen.

„Schön", stimmte Yolza nachdenklich zu, „noch jemand?"

In diesem Moment gab es niemanden, der sich traute, seine Skala öffentlich zu machen. Aber bereits kurz danach folgte eine Meinung nach der anderen. Der Schulleiter moderierte die Beiträge, indem er das Wort erteilte und wieder entzog, vielleicht in Erwartung eines seiner Meinung nach besser durchdachten und reiferen Urteils. In seinem Gesicht konnte

man ein Lächeln des Triumphes sehen, was allerdings ein ums andere Mal wieder verschwand. Als schließlich niemand mehr etwas dazu sagen wollte, rieb er sich zweifelnd den Bart, ging wieder zu seiner blauen Mappe zurück und begann zu sprechen, während er darin herumblätterte: „Auf diesen Seiten befindet sich die Übersetzung einiger alter, sehr interessanter Texte über die Themen *Moral* und *Erfolg*. Einer der ersten Punkte handelt genau von dem, mit dem wir gerade beschäftigt sind. Er hielt in seiner Rede inne, um einen langen Blick in die Gesichter seiner jugendlichen Zuhörer zu werfen. *Skala der Werte* und *Die wichtigsten Menschen im Leben* waren Themen, über die wir niemals nachgedacht hatten. Für die Mehrheit der Jugendlichen meiner Generation war die größte Lebenshürde, überhaupt leben zu müssen. Ansonsten lebte sie ohne große Schwierigkeiten. Aber anscheinend war das dennoch kein sicherer Weg."
Tadeo Yolza begann, aus seinen Aufzeichnungen mit der Sicherheit eines Menschen zu lesen, der ein unfehlbares Gesetz verkündete:

„Ein gesunder und erfolgreicher Mensch erhebt sein liebendes Herz zuerst einmal zu Gott und zu niemand anderem als zu Gott. Und an zweiter Stelle zu seiner Familie. Danach kann jede andere Person kommen. Aber wenn die beiden ersten Seelenplätze sich ändern, tritt Ungleichgewicht ein und mit dem Ungleichgewicht das Übel."

Ein langes Schweigen hüllte uns ein. Es gab keinen Einzigen, der diese Reihenfolge in seinen Prioritäten hatte: erst Gott und dann die Familie.
„Das Thema *Gott*, nahm der Direktor seine Rede wieder auf, „ist heikel, da es sich um ein sehr persönliches Konzept handelt. Man muss es unter dem Gesichtspunkt des inneren Wachstums betrachten, ähnlich wie wir auch physisch wachsen. Aber für dessen Analyse würden wir Stunden brauchen. Für heute denken wir der Einfachheit halber an die göttliche Liebe. Nicht an den Gott fanatischer Spinner, die töten und die Rechte anderer verletzen aus „göttlicher Inspiration". Beschränkt euch auf Gott als „unendliche Liebe" und nennt Ihn so, wie es jeder von euch gewohnt ist. Er ist euer Schöpfer, von dem ihr kommt und zu dem ihr wieder hingeht. Er ist der schönste Teil von euch, Gewissen, Nächstenliebe, Hoffnung. Er ist euer unendlicher Wunsch nach Güte, er ist die transzendentale Ursache eurer Existenz, er ist das Wesen unbegrenzter Möglichkeiten, mit dem ihr auf irgendeine Weise in Verbindung seid. Das Wesen, das den ersten Platz in eurem Leben einnehmen sollte. Und sonst nichts."
Der Direktor hielt inne, als ob er zweifelte, noch weiter von dieser obersten Priorität reden zu sollen oder nicht.

Offenbar hatte er entschieden, das nicht zu tun, da er folgendermaßen fortfuhr:
„An zweiter Stelle muss in eurem Herzen der Platz für eure Familie sein, erst danach alle anderen, die ihr mögt. Wer immer das sei. Aber *ändert niemals die Reihenfolge der beiden grundlegenden Prioritäten, weil sonst ein seelisches Ungleichgewicht eintritt und damit das Übel in euer Leben Einzug hält.*"
„Auf was beziehen Sie sich, wenn Sie *Familie* sagen", fragte Tomás ironisch. „In meiner sind wir so viele, dass wir zu Weihnachten einen ganzen Sportplatz mieten müssen."
Der Scherz von Tomás rief erneute Belustigung und Unruhe hervor, die aber schnell wieder abebbten. Es war mittlerweile echtes Interesse an den Ausführungen des Direktors erwacht.
„Also gut", antwortete Yolza. „Die Familie, der du einen so bedeutenden Platz in der Skala deiner Wertschätzung vorbehalten solltest, setzt sich aus deinen Eltern und Geschwistern zusammen. Aus sonst niemandem. Aber beachtet das Folgende: Wenn du dich verheiratest, nimmt ab dann die neue Familie, die du mit deinem Partner bildest, den ersten Platz in deiner Rangfolge ein, unabhängig davon, ob ihr Kinder habt oder nicht, und ersetzt damit unwiderruflich den deiner Eltern. Da aber unter euch noch niemand verheiratet ist, beziehen wir uns, wenn wir von Familie reden, auf die Eltern und Geschwister von euch, denen ihr den obersten wichtigen Platz einräumen müsst – hinter Gott."
Das nun einsetzende Schweigen erfolgte weder aus Wissensbegier noch aus ruhiger Betrachtung. Es war ein Schweigen der Ablehnung und des Zornes. Diejenigen, die es kurz zuvor auf die Vorderkante ihres Stuhles gezogen hatte, waren wieder zurückgerutscht, und wirkten, als wollten sie sich aus dieser Position auf den Redner stürzen. Der Rest, einschließlich der normalerweise Zerstreuten, war nun sehr aufmerksam, allerdings mit einem Ausdruck der Verärgerung.
Sonia, eine Jugendliche mit langen Zöpfen, die nicht gerade durch Ungezwungenheit bestach, brachte etwas hervor, dabei jedoch immer leiser werdend, so dass am Ende ihres Einwandes niemand mehr verstehen konnte, was sie sagte:
„Das ist unlogisch. Unsere Eltern gehören einer anderen Generation an. Weder verstehen sie uns noch wir sie, und außerdem ... ", und obwohl man sah, dass sie weiterhin ihren Mund bewegte, hatte sich ihre Stimme komplett im Raum verloren.
„Könntest du das etwas ausführlicher erklären?", lud sie der Schulleiter ein, aber Sonia wollte nicht mehr weiterreden.

Stattdessen stand ich auf, mich frei vom üblichen Druck fühlend und nahe einer unsagbaren Erregung, mit dem festen Willen, diesen Erwachsenen zu widerlegen, der sich eben so interessiert an meiner Einschätzung gezeigt hatte.
„Ich weiß nichts von Gott", sagte ich mit fester und außergewöhnlich scharfer Stimme. „Wenn er existieren sollte, ist er mit Sicherheit ein ungerechtes und gleichgültiges Wesen. Aber wie Sie bereits erwähnt haben, würde das ein sehr langes Thema werden. Ich möchte stattdessen von dem sprechen, das nach Ihren Worten unsere zweitwichtigste Priorität sein sollte: die Familie. Gut, ich halte meine kaum aus, oder genauer gesagt, ich halte meine Eltern kaum aus. Also rede ich mit ihnen so wenig wie möglich und ignoriere sie im Allgemeinen. Sie verdienen keine bessere Behandlung! Wenn ich etwas von ihnen möchte, werden sie wie Stöcke aus Holz, und deshalb wende ich mich nicht mehr als absolut nötig an sie. Es war ihre eigene Wahl! Sie haben es nicht verstanden, meine Freunde zu sein. Klar, dass ich ihnen gehorche, wenn sie mir etwas auftragen. Das machen sie stets schreiend und missgelaunt. Ich führe ihre Anordnungen ohne Widerspruch aus, aber in meinem Innern verfluche ich sie. Manchmal denke ich daran, ihnen eine derbe Lektion zu erteilen, die sie wirklich verdienen. Aber ich mache es nicht, da ich mein reines Gewissen behalten möchte."
Gelächter, Applaus, Glückwünsche und Proteste durcheinander. Ich konnte nicht weitermachen, da Adrián, einer der Klassenkameraden, die wir „Erdbeeren" nannten, da sie immer von ihrem Reichtum redeten, das Wort ergriff:
„Alle Erwachsenen sind irgendwie gleich. Sie hassen uns Jugendliche, weil wir von ihnen verschieden sind. Sie haben bereits vergessen, dass sie durch ihre Eltern genauso abgelehnt wurden. Es ist ein Naturgesetz. Ich fühle mich nicht wohl mit meinen Eltern, weil das ganz normal ist."
„*Normal?*", antwortete der Schulleiter heftig, wobei sich seine Kiefer außergewöhnlich weit aus ihrer normalen Stellung verschoben. „Ich werde dir sagen, was bestimmt *nicht normal* ist: dass ein unreifer, unproduktiver Jugendlicher mit dem Auto an eine teure Privatschule kommt und sein Handy im Rucksack hat."
„Geld ist nicht alles!", verteidigte sich Adrián.
„Nein, es ist nicht alles, aber kommst du im Auto oder nicht? Und du hast Geld, den Sprit zu bezahlen, bist gut gekleidet und hast, genau wie deine anwesenden Kameraden, ein schönes Haus, wohin du nach der Schule gehst. Und in diesem Haus gibt es ein Zimmer, in dem du wohnen und schlafen kannst. Das ist nicht alles, sicherlich, aber äußerst angenehm, oder? Wie sehr genießt ihr das alle!"

Ich war nicht der Einzige, der etwas einwenden wollte. Die Missstimmung war einhellig, aber der Professor erhob seine Stimme noch mehr, um nicht unterbrochen zu werden:

„Eure Eltern sind nicht schlecht, bedenkt das einmal. Sie haben, absolut gesehen, keine schlechten Absichten mit euch! Ihr Leben dreht sich um die Arbeit und die ungeheure Verantwortung, ein Heim zu regeln, in dem sie möchten, dass es an nichts fehlt! Sie haben nur unter größter Anstrengung das erreicht, was sie haben, um es dann unter anderem an euch zu verschenken! Versteht ihr das? Wenn sie unwürdig sind, eure Freundschaft zu verdienen, warum nehmt ihr dann ihre Geschenke an? Wie könnt ihr nur so niederträchtig sein, das, was sie euch geben, einfach in euch reinzuschlingen, ohne zu protestieren. Und sie im Gegenzug, was noch elendiger ist, auch noch zu verabscheuen? Erscheint euch das nicht als jämmerliche Gemeinheit? Wenn ihr so vernünftig begründen könnt, wie wenig sie von euch wissen wollen, warum lebt ihr dann an ihrer Seite? Aus Bequemlichkeit? Das Haus wie ein Hotel nutzend, täglich Essen in sich aufnehmend, von dem ihr weder wisst, wo es herkommt, noch wie es zubereitet wurde? Immer bereit, Wohlbefinden einzufordern, ohne die Bereitschaft zu irgendeiner Gegenleistung? Und kommt mir nicht damit, es sei ihre Pflicht, euch Geld, Essen und ein Heim zu geben. Es gibt dermaßen viele Eltern, die das nicht tun!"

Auf einmal wirkte der Direktor wie ein Mensch, der sich eine große Befürchtung eingestehen muss. Mit gesenktem Ton fuhr er fort:

„Ich habe zwei Kinder und ich lebe für sie. Alles, was ich in der einen oder anderen Weise tue, ist für ihr Wohlbefinden und," er senkte betrübt den Kopf, „wie ungerecht und traurig wäre es für mich, wenn sie in Kürze beschlössen, mich zu ignorieren, nur weil ich ihrer Meinung nach nicht der ideale Vater gewesen bin! Und noch schlimmer, es wird ganz sicher die Wahrheit sein. Ich werde kaum der ideale Vater gewesen sein, aber Gott wird wissen, wie viel ich darum gekämpft habe. Wenn meine Kinder und ich eine solche Feindschaft zwischen uns fühlen würden, so, wie ich sie gerade von euch zu euren Eltern höre, wäre es auf jeden Fall ehrlicher, weit auseinander zu leben. Versteht ihr das? Was macht ihr denn noch im Hause eurer Eltern, wenn sie eure Freundschaft nicht verdienen? Alles, was sie hervorbringen, auszusaugen wie echte Parasiten?"

„Genug!", protestierte ich, unfähig, diesen erbitterten Angriff noch länger zu ertragen. „Mein Bruder ist von zu Hause verschwunden", sagte ich mit leichter Arroganz. „Und wissen Sie was? Ich selbst denke daran, das sehr bald auch zu tun!"

„Dann nur los! Es ist nicht gesund, mit den Menschen zusammenzuleben, die du so verabscheust. Verschwinde von diesem Ort wie Saúl und schenke deinen Eltern dadurch ein wenig Frieden."
Ich nahm wütend meine Sachen und wollte den Raum verlassen, aber der Direktor stellte sich mir in den Weg.
„Vorher hörst du mir noch zu Ende zu, Gerardo! Hast du mal überlegt, wo dein Bruder sein könnte? Er wird relativ bald zurückkehren, äußerst reumütig darüber, abgehauen zu sein. Und wenn er nicht zurückkommt, wird es ihm niemals mehr gelingen, sein Leben wieder aufzurichten. Denke mal daran! Es gibt nichts Vergleichbares zu unserem Heim, so viele Fehler es auch haben mag. Wenn du abhaust, wirst du dir im Hause eines Freundes oder Verwandten einen Unterschlupf suchen müssen, um dich nun, und jetzt ganz offenkundig, in so etwas wie einen *Ausgehaltenen* zu verwandeln, dem man Unterhalt gewährt. Wirst du Arbeit suchen? Und welche? Wo du eigentlich nichts kannst. Du hast schließlich keine Ausbildung. Oder ziehst du von einem Ort zum anderen wie ein Vagabund, ohne weiter zu studieren? Vielleicht findest du eine Anstellung als niedriges Dienstpersonal, und der Besen und die Desinfektionsmittel für die Toilettenanlagen werden deine Vertrauten. Du wirst von den Leuten wie ein Tier behandelt werden und wirst immer mehr deine Erzeuger hassen lernen, dieses Paar, dass dich an dein weiches Bett, dein sauberes Heim und deine warme Suppe erinnert. Du wirst darum kämpfen, aus deinem Elend herauszukommen und dennoch in ihm jeden Tag weiterversinken. Du wirst in Kontakt kommen mit Drogen, Prostitution oder Kriminalität. Und das alles, weil du ein solcher Idiot bist! Der sich von seinen Eltern ungerecht behandelt fühlt. Dabei bist ganz sicher du es gewesen, der sie ungerecht behandelt hat."
Ohne es zu bemerken, war ich Schritt für Schritt bis zu meinem Platz zurückgewichen. In meiner Brust fühlte ich einen so heftigen Druck, dass sie fast zu zerplatzen drohte. Ich ließ mich auf meinen Stuhl fallen und senkte den Kopf. Tadeo Yolza sprach weiter zu mir, nun mit ruhigerer und weicherer Stimme:
„Sei nicht blöd. Du hast eine Familie. Und genau diese! Wie viel wert ist dir das, was du hast? Wenn sie dir hundert Millionen Pesos für das Leben deiner Mutter böten, würdest du zulassen, dass sie stirbt? Und wenn sie dir zweihundert Millionen für das deines Vaters gäben, würdest du ihn sterben lassen? Du hast das, was sich ungezählte Jugendliche wünschen: Eltern, die ganz sicherlich nicht perfekt sind, aber auf ihre Art leben, um dir das Beste zu geben. Dir steht es nicht zu, sie zu beurteilen und zu kritisieren. Du solltest sie stattdessen lieben und ihnen verzeihen. Mit deinem rebellischen Verhalten erreichst du lediglich, dass sie dich mit noch

mehr Heftigkeit behandeln. Sie sind verwirrt und verängstigt, da sie dich gerne möglichst gut erziehen wollen, aber nicht recht wissen, wie sie das machen sollen. Niemand hat ihnen beigebracht, gute Eltern zu sein. Aber du kannst absolut sicher sein, dass ihre Absichten die besten sind und sie mit Güte voranschreiten wollen. Du sagst, dass sie dir nicht zuhören können. Aber wieso sollten sie das tun, wo du ihnen doch auch nicht zuhörst? Und ich meine damit nicht, dass du lediglich schweigst, während sie mit dir reden. Ich beziehe mich darauf, dich für ihre Gefühle zu interessieren, denn auch sie haben Gefühle, auch sie leiden, sind furchtsam, genau wie du! Darauf, sie nach ihren Sorgen und Problemen zu fragen, ihnen eine respektvolle, ehrliche Meinung zu geben, dich *wirklich* in ihr Leben hineinzuversetzen mit dem Interesse und der Wertschätzung eines Menschen, der sie wahrhaftig liebt."

Eine Träne fiel auf meinen Tisch, und meine vernebelte Sicht klärte sich ein wenig auf. Als wir noch kleiner waren, erzählte mein Vater gewöhnlich von dem, was ihm im Krankenhaus begegnet war, und wir alle äußersten unsere Meinung dazu. Aber nach und nach war ihm aufgefallen, dass uns seine Ansichten immer weniger interessierten, und schließlich hatte er es sein gelassen, mit uns darüber zu sprechen.

Alles verband sich plötzlich zu einem großen Schmerz: die Erkenntnis, dass mein flüchtiger Bruder ganz sicher litt, das Nachdenken darüber, dass mich meine Eltern wahrscheinlich sehr liebten und die harte Selbsterkenntnis, ein äußerst undankbarer Sohn zu sein.

„Deinen Eltern ging es in ihrer Kindheit wesentlich schlimmer", fuhr der Schulleiter fort, aber jetzt mit dem tröstlichen und heiteren Tonfall, der ihn normalerweise auszeichnete. „Du kennst ihre Geschichte. Sie schleppen sicherlich Enttäuschungen und Komplexe mit sich, die ihnen vor vielen Jahren zugefügt wurden und sich tief in ihr Wesen eingeprägt haben. Unbewusste Neurosen hindern sie daran, sich so zu verhalten, wie es dir gefallen würde, aber sie haben sich mit Sicherheit weiterentwickelt, und das weißt du! Verdamme deine Eltern nicht wegen dem, was sie nicht erreicht haben. Beurteile sie nicht, liebe sie! So, wie sie sind! Lerne, dich ihnen zu nähern, mach sie zu Teilhabern deines Lebens, erzähl ihnen die Dinge, die dir wichtig sind und lehre sie, dir zuzuhören. Und wenn sie das nicht besonders gut machen, verzeih ihnen. Versuche nicht, über sie zu urteilen. Deine Eltern werden für ihre Fehler bezahlen, da das Leben niemandes Fehler verzeiht. Aber hüte dich davor, der peitschenschwingende Gehilfe des Schicksals sein zu wollen, da du als Kind ebenso für die Fehler bezahlen wirst, die du an ihnen begehst, und zwar sehr teuer."

Ich presste die Fäuste zusammen, um mich zu beherrschen, aber es war vergebens. Mit gesenktem Kopf begann ich still vor mich hinzuweinen. Und mit Sicherheit bemerkten das alle meine Klassenkameraden.

Es tat mir sehr weh, die Brücke der Bescheidenheit zu überqueren, zum ersten Mal in meinem noch kurzen Leben. Umso mehr, da es unter den Augen aller geschah. Ich erinnere mich nur an zwei Male in meinem Leben, aus solch großem inneren Schmerz geweint zu haben. Dies hier war das erste Mal.

8. DAS EMOTIONALE SYSTEM

Die harte Zurechtweisung, die ich zu Recht bekommen hatte, hinterließ im ganzen Klassenzimmer eine aufnahmebereite Stimmung für Wahrheiten, die zwar gelegentlich ausgesprochen, aber von der Jugend stets abgelehnt werden.
Zahlreiche Schüler anderer Kurse, die aus ihren ersten Unterrichtsstunden herausgekommen waren, standen in der Nähe der Tür und versuchten die Diskussion zu verfolgen. Tadeo Yolza bat sie, einzutreten:
„Nur herein, noch gibt es freie Stühle."
In Wahrheit gab es nur noch sehr wenige, aber trotzdem folgten viele Schüler der Einladung und blieben in den Gängen zwischen den Tischreihen stehen. In kürzester Zeit war der Raum vollgestopft mit neugierigen Jugendlichen. Für diejenigen von uns, die begierig waren, ihre Meinung zu äußern, bedeutete das erst einmal eine Behinderung. Aber das Durcheinander wegen des Einströmens der neuen Hörer begann sich recht schnell zu legen, und Avelina, eine kleine und scharfsinnige Klassenkameradin, stand auf und bat um das Wort:
„Herr Direktor, ich möchte etwas sagen. Mein Vater ist autoritär und mürrisch. Ich versuche seinen schlechten Charakter hinzunehmen, indem ich ihm wenn möglich ausweiche, ihn manchmal jedoch sogar aufsuche, wenn er sich über mich ärgert, aber mit ihm kann man einfach nicht reden. Er bleibt ganze Tage ununterbrochen gereizt und behandelt mich schlecht. Dann werde auch ich grob.
„Du weichst ihm möglichst aus, und wenn er sich über dich ärgert, gehst du manchmal sogar zu ihm?", fragte mit gespieltem Erstaunen der Schulleiter. „Und warum versuchst du dich ihm nicht in deinem täglichen Leben anzunähern, auf normale Weise, wenn alles in Ruhe ist? So, wie es jemand tut, der wirklich seine Freundschaft wünscht."
„Das mache ich", antwortete Avelina, einen kindlichen Seufzer ausstoßend.
„Wirklich? Du begrüßt ihn am Morgen? Du umarmst und küsst ihn, wenn er von der Arbeit zurückkommt? Du fragst ihn, wie es ihm ergangen ist? Du gibst ihm etwas zu trinken, wenn er sich ausruht? Du bietest ihm deine Hilfe an, wenn du ihn beim Arbeiten siehst? Du wünschst ihm vor dem Zubettgehen eine Gute Nacht?"
„Ich bin seine Tochter und nicht seine Sklavin!"
„Du irrst dich! *Deine Verpflichtung ihm gegenüber ist eine Verpflichtung der Liebe.* Niemand erniedrigt sich, indem er Liebe zeigt!"
Avelina sagte nichts weiter, verzog aber ärgerlich die Lippen.
Es war Tomás, der die Diskussion aufnahm, indem er seinen üblichen Zynismus zur Schau stellte: „Ich bin nur dann freundlich zu meinem

Vater", sagte er mit einem breiten Grinsen, „wenn mich meine Mutter dazu zwingt."
Zu seiner Überraschung waren es nur sehr wenige, die darüber lachten. In seinem Beitrag lag mehr Wahrheit als Witz. Die Mehrheit von uns Kindern biss sich auf die Zunge und hielt den Atem an, um nett zum Vater sein zu können – wenn uns die Mutter darum bat.
„Welche Naivität", antwortete Yolza und hob verzweifelt die Arme. „Hast du schon einmal einem Hund nur deshalb Liebkosungen gegeben, weil du Angst vor ihm hattest und ihn loswerden wolltest? Und gesehen, wie das Tier knurrte und angriff, sobald es die Heuchelei erkannte? Wenn ein Haustier erkennt, dass man ihm falsche Zärtlichkeit gibt, wie groß muss wohl die Unzufriedenheit in deinem Vater sein, wenn du ihm unehrlich und künstlich begegnest. *Selbst wenn er es dir vielleicht nicht sagt, es ist ihm ganz sicherlich bewusst.* Unter direkten Verwandten kann man nichts vortäuschen: Das Blut spricht ohne Worte und immer die Wahrheit, ob du das willst oder nicht!"
Im Klassenzimmer hatte sich die Atmosphäre des allgemeinen Missfallens in Nachdenklichkeit gewandelt. Ich für meinen Teil hatte immer angenommen, mein theatralisches Verhalten sei geschickt genug, um meinen Vater zu täuschen. Mittlerweile erschien mir das doch etwas fraglich. Unsere gegenseitige Abneigung musste ja irgendeinen Grund haben. *Das Blut spricht ohne Worte und immer die Wahrheit ...*
Ein äußerst hübsches Mädchen, eines von denen, die gerade erst hereingekommen waren, hob die Hand. Ich hatte sie vorher noch nie gesehen, schätzte sie auf etwa sechzehn. Sie hatte irgendwie eine ganz besondere Ausstrahlung. Und damit nicht genug, sie machte auch einen intelligenten und ernsthaften Eindruck. Es wäre unverzeihlich gewesen, ihren Beitrag zu hören und danach nicht zu wissen, wer sie ist. Also erhob ich mich etwas von meinem Stuhl, um sie besser sehen zu können.
„Ich heiße Sahian", stellte sie sich mit ausgesprochener Sicherheit vor. „Ich erlebe etwas sehr Seltsames, das womöglich auch anderen passiert. Oberflächlich verstehen sich meine Eltern und ich, aber wenn es um persönliche Meinungen oder gar intime Probleme geht, bricht die Kommunikation völlig ab. Sie bestehen auf ihren Ansichten mit solcher Autorität, dass es mir unmöglich wird, meine eigene Meinung dazu zu äußern. Üblicherweise verliere ich dann die Kontrolle und antworte mit Heftigkeit, worauf stets eine harte Zurechtweisung erfolgt. Wenn ich mich ihnen anschließend zu nähern versuche, um ihnen das Vorgefallene zu erklären oder sie wegen meiner Fehler um Verzeihung zu bitten, kann ich nicht reden, verstehen Sie das, ich bringe einfach keinen Ton heraus! Und wenn sie mich so zögerlich sehen, nehmen sie an, besonders mein Vater,

ich sei ein kleines dummes Kind und geben mir Ratschläge. Immer wenn ich darauf bestehe, mich meinen Eltern mitzuteilen, Herr Direktor, verursacht das bei mir einen Knoten im Hals und bricht mir die Stimme. Gelegentlich gelingt es mir einmal, meine Sprache zu behalten und einen zweiten Versuch zu machen, aber dann verlieren sich meine Worte stets in einem schrecklichen Weinen. Ich leide unvorstellbar darunter. Und immer wieder passiert mir das Gleiche. Manchmal sind meine Eltern sogar von meiner Betrübnis und Verunsicherung berührt, aber sie kontrollieren sich und halten ihre Gefühle zurück, um den Schein der Unverletzlichkeit zu wahren. Und ich gehe auf mein Zimmer, noch leerer und trauriger als je zuvor."
Das Mädchen beendete seine Enthüllung mit leicht brüchiger Stimme. Sie hatte mit ungewöhnlicher Klarheit gesprochen und eine gehobene Sprache verwendet. Ich war völlig verzaubert, sie dabei anzuschauen.
„Sehr gut, Sahian", stimmte der Direktor zu, „das ist ein überaus wertvoller Beitrag. Das von dir Geschilderte ist allerdings nicht selten. Ich erinnere mich, dass ich mich in deinem Alter zwar relativ gut mit meiner Mutter verstand, aber sehr weit weg von meinem Vater fühlte. Wenn ich versuchte mit ihm über ernsthafte Dinge zu sprechen, begann er zu zittern, und das verursachte bei mir einen Knoten im Hals. Das hat etwas mit dem emotionalen System eines jeden von uns zu tun."
Er nahm ein Stück Kreide und zeichnete mit schnellen Zügen den Umriss eines menschlichen Körpers an die Tafel. Im Innern markierte er Linien, die die Wege darstellten, durch die die Gedanken zirkulieren. Einige meiner Klassenkameraden, wahrscheinlich mehr aus Gewohnheit denn aus Interesse, beeilten sich, die Skizze in ihr Heft zu übertragen.
Vom Gehirn aus gingen zwei Wege zum Mund. Einer direkt, breit und sehr kurz. Der andere gewunden und lang, zum Herzen hinabsteigend und von dort wieder hinauf.
„Ich werde euch das erklären anhand dieser Figur, die nicht exakt die Anatomie des menschlichen Körpers wiedergibt, sondern sich eher an der Philosophie orientiert." Er drehte uns den Rücken zu, um uns mit Hilfe der Zeichnung an der Wandtafel seine Erklärungen zu erläutern. „Stellt euch vor, dass es im Körper neben den bekannten Systemen der Knochen, Muskeln, Nerven und einiger mehr auch ein anderes gibt, das wir das emotionale System nennen wollen. Schaut gut her! Alle Ideen entstehen im Gehirn, und früher oder später müssen sie heraustreten, um sich in Handlungen oder Worten zu materialisieren. Nehmen wir einmal an, hier sei für die meisten Dinge, die im Gehirn entstehen, der Ausgang nach draußen." Er zeigte mit dem Finger auf die Mundhöhle. „**Einfache Ideen**, die wir wegen ihrer relativen Unwichtigkeit vielen anderen mitteilen

können, *benutzen die schnelle Bahn, die das Gehirn mit dem Mund verbindet."* Er hob dies mit der Kreide hervor. „Wenn es sich aber um **tiefe und intime Gedanken** handelt, *wandern sie durch diesen anderen Kanal zum Herzen, wo sie sich mit Emotionen aufladen*, bevor sie ihren Weg weiter nach außen fortsetzen. Ist das so weit klar? Ein Problem entsteht dann, wenn wir diese mit Gefühlsenergie aufgeladenen Ideen nicht nach außen treten lassen. Indem wir sie sozusagen speichern, verlieren sie ihre eigentliche Essenz, nämlich zu strömen, und lagern sich an den Wänden der Bahnen des emotionalen Systems ab, ähnlich wie das Cholesterin an den Wänden des Blutgefäßsystems. Stellt euch die emotionalen Bahnen einer introvertierten Person vor, die niemals ihre Gefühle offenbart. Höchstwahrscheinlich sind sie mit Verkrustungen und harten Pusteln besetzt, die den Durchfluss auf kritische Weise verstopfen. Wir alle haben festsitzende Gefühle, und zwar in den sensibelsten Geweben unseres Seins. Deshalb kostet es so viel, sie zu beseitigen. Es tut sehr weh, Sahian, schmerzliche Emotionen aus dem tiefsten Inneren herauszureißen, die sich dort abgelagert und zusätzlich verworren haben mit anderen, die auch nicht zu ihrer Zeit herauskommen konnten. Du versuchst sie zu äußern und fängst an zu weinen, ohne konkreten Grund. Irgendwann erkennst du dein Übel, aber seine Ursachen bleiben im Dunkeln. Die Menschen um dich herum fragen, was mit dir los ist, und du kannst es ihnen nicht erklären. Du wirst zögerlich, fängst an zu stottern, gerätst manchmal sogar in Wut, weil es viel zu viel und gleichzeitig nichts ist."

Direktor Yolza machte eine Pause, um Luft zu holen und seinen wachsenden Ärger zu beruhigen. Dann fuhr er fort, sich weiter an das Mädchen wendend:

„Aber sei vorsichtig! Wenn der auftretende große Schmerz dich dazu bringt, wieder zu schweigen, wirst du Bitterkeit anhäufen und die Verkrustungen noch härter machen, was den Weg für die weit zurückliegenden Gefühle nach außen weiter verstopft. Wenn deine Gefühle nicht fließen dürfen, lassen sie dich früher oder später platzen wie einen Gastank. Deshalb verinnerliche gut das Folgende:

Reinige dein Herz, selbst wenn es weh tut. Bringe dein Innerstes nach außen, indem du es anderen mitteilst oder aufschreibst. Mache dir Luft und erbitte dazu die Hilfe deines Partners, wenn du einen hast, eines Freundes, einer Selbsthilfegruppe oder deiner Familie. Hab keine Angst, dich ihnen gegenüber zu öffnen. Es ist sehr wahrscheinlich, dass jemand, der dir hilft, dich zu befreien, weit davon entfernt ist, sich über dich lustig zu machen und dich stattdessen mehr respektieren und lieben wird. Aber selbst wenn du Pech hast und dich jemandem anvertraust, der deine Wertschätzung nicht verdient, hilft es dir auf jeden Fall, dein emotionales

System zu reinigen und gesünder zu machen. Beginne heute damit, deine Gefühle wieder in Bewegung zu bringen. Denke bei der Wahl der Menschen, die dir dabei helfen können, an deine Eltern. Nimm die Herausforderung an, ihnen das Wertvollste von dir zu offenbaren und dadurch deine Beziehung zu ihnen zu verbessern, ohne daran zu denken, was sie dir dafür entgegenbringen werden. Sprich zu ihnen mit dem Herzen, auch wenn dich das schmerzt, und nimm wahr, wie es von Mal zu Mal weniger weh tut. Vielleicht verhalten sich deine Eltern im Austausch mit dir ungeschickt. Bedenke, dass auch sie unendlich viele festsitzende und verstopfende Gefühle haben, was ihnen das Mitteilen erschwert. Du musst die Initiative ergreifen und ihnen erst einmal dabei helfen, weil auch deine Eltern Hilfe brauchen. Wenn es dir als junger Mensch gelungen ist, deine Gefühlsbahnen zu reinigen, dann kümmere dich darum, dass es auch ihnen gelingt. Sprich mit ihnen, selbst wenn du dabei in Tränen zerfließt. Es ist notwendig, sich dem Schmerz zu stellen, den die Reinigung deiner Seele verursacht. Weine und wirf dich später in ihre Arme und küsse sie mit all deiner Liebe. Wirf den angesammelten Groll nach draußen, was für deinen Geist so befreiend und wohltuend sein wird wie der Sommer für deinen Körper. Nimm deine Eltern an, wie sie sind, und sie werden dir mit dem Innersten ihres Gefühlslebens antworten. Sollten sie es aber nicht schaffen, dann vergib ihnen, denn sie sind nur Menschen. Liebe sie, weil sie dich lieben, wie niemanden sonst auf der Welt. Und respektiere sie als die Autorität, die Gott in dein Leben gebracht hat, um dich zu führen."

Selbst diejenigen, die es nicht mehr geschafft hatten, in den Raum hineinzukommen und von der Tür aus zuhörten, verharrten in absoluter Stille. Der Vortrag des Direktors hatte mit solch beeindruckender Kraft geendet, dass selbst bei denjenigen, die keine Gefühlsregungen zeigten, zumindest eine ungewöhnliche Nachdenklichkeit entstanden war. Ich gehörte irgendwie zu beiden Gruppen. Einerseits wollte ich nicht noch mehr Tränen vergießen, andererseits konnte ich mich aber dem hypnotisierenden Vortrag nicht entziehen. Ich drehte den Kopf und bemerkte die große Menge der hinten im Raum versammelten Jugendlichen. Wahrscheinlich war in den anderen Kursen der Unterricht vorübergehend unterbrochen worden, denn im Gedränge draußen machte ich zahlreiche Lehrer aus.

Der Schulleiter blätterte langsam in seinen Notizen. Ich bückte mich, um aus meiner Aktentasche die heimlich gemachten Fotokopien zu dem oben genannten Thema herauszunehmen, und begann, sie meinerseits durchzuschauen.

Ich kehrte noch einmal zu dem Teil mit den Bibelzitaten zurück. Für mich hatten sie keine religiöse Bedeutung, und ich lachte insgeheim über diejenigen, die darin eine erblickten. Aber unter diesen Umständen, fasziniert von dem, was ich gerade dabei war zu lernen, machten sie mir keine Magenschmerzen, sondern zogen mich im Gegenteil magisch an:

Kinder, gehorcht euren Eltern im Herrn, denn das ist gerecht. (siehe Epheser 6, 1)

Diese haben dich in die Welt kommen und wachsen sehen. Sie kennen dich besser, als du glaubst.

Deine Eltern sind fähig, in dir Schwächen und Stärken zu erkennen, die du nicht kennst.

Dass du niemals bedauern wirst, ihre Anweisungen ignoriert zu haben. (siehe Sprüche 1, 8)

Ehre Vater und Mutter. Dieses ist das erste Gebot, welches das Versprechen beinhaltet, dass du glücklich seist und dein Leben auf der Erde lange dauere. (siehe Exodus 20, 12)

Tadeus Yolza begann zu sprechen. Er sprach von einer Reihe von Anzeichen, die uns auf den falschen Weg hinweisen könnten. So etwas wie eine rote Alarmleuchte, die wir unbedingt vermeiden müssten. Ich hörte nicht richtig zu. Stattdessen las ich für mich weiter in den Sprüchen, ergriffen von einem unsagbaren Wissensdurst:

Ordnet euch alle den Autoritäten unter, denn es gibt keine anderen Autoritäten als diejenigen, die von Gott kommen, und nur diejenigen, die durch Gott existieren, haben Bestand. (siehe Römer 13, 1)

Wenn sich also jemand der Autorität widersetzt, handelt er gegen Gottes Gebot, und diejenigen, die sich widersetzen, werden bestraft werden. (siehe Römer 13, 2)

Eine Autorität ist jemand mit der Kraft, dir Anweisungen zu geben und der, ohne es zu wissen, ein göttliches Instrument ist, dir den richtigen Weg zu weisen.

Das größte Problem, das wir mit den Autoritäten haben, ist unser Stolz. Dieser lässt uns mit jedweder Person streiten, die versucht uns zu sagen, was wir machen oder wie wir leben sollen.
Nichts ist zerstörerischer gewesen und hat mehr der Existenz des Menschen geschadet als der Stolz. Wer sich der Autorität widersetzt, rebelliert gegen das göttliche Gesetz und wird in sein Leben Verderbnis bringen.

Wenn du dich von deinen Eltern führen lässt, lässt du dich durch Gott führen. Aber wenn du dich widersetzt, wird ER jedes Mal härtere und schmerzlichere Autoritäten benutzen, um dich auf den richtigen Weg zu führen.

„Könnten Sie langsamer lesen? Ich möchte das aufschreiben", bat Sahian, die sich Notizen machte.
Das Vernehmen ihrer Stimme riss mich aus meiner Lektüre heraus, und ich hob den Kopf. Was hatte der Direktor gerade gesagt? Ich ärgerte mich über mich selbst, so unaufmerksam gewesen zu sein.

Der Schulleiter wiederholte langsam und betont den Abschnitt, der die Aufmerksamkeit des schönsten Mädchens erregt hatte, während ich hastig in meinen Notizen blätterte, auf der Suche nach den gerade gesagten Worten. Eine weitere Motivation hatte mich gepackt: Wenn dieses Mädchen die letzten beiden Punkte dieser so ungewöhnlichen Lektüre für aufschreibenswert hielt, hätten vielleicht auch andere Interesse daran, denen ich sie anbieten könnte.
Aber trotz ungewöhnlich weit aufgerissener Augen konnte ich den Text nicht finden. Mir war sehr warm. Ich blätterte und blätterte, mit der Verzweiflung dessen, der ein Geheimnis sucht, das über Leben und Tod entscheidet.
Yolza hörte auf zu lesen und fügte mit fester und lauter Stimme hinzu:
„Das alles wird euch passieren, wenn ihr euch nicht um gute Beziehungen zu euren Eltern bemüht." Er hielt einige Sekunden die Luft an und sprach dann zu Ende: *„Der Ohren hat, der höre. Der Augen hat, der sehe ... "*
Anschließend wurde der Direktor von zahlreichen Jugendlichen umringt, die persönlichen Rat suchten. Die übrigen zerstreuten sich allmählich. Ich für meinen Teil fand endlich, was ich gesucht hatte. Schnell stand ich auf und verließ eilig den Raum, ohne Rücksicht auf die harmonische Stimmung, die immer noch in dem sich leerenden Saal herrschte. Ich schaute mich nach allen Seiten um, bis ich sie sah. Sahian hatte in mir ein

drängendes *Bedürfnis zu reden* wachgerufen, das so groß war wie der *Wissensdurst*, den Yolza in mir verursachte. Ich näherte mich ihr und machte mich vorsichtig bemerkbar, indem ich ihre Schulter berührte.

„Hallo", grüßte ich, als sie sich zu mir herumdrehte. „Ich würde dir gerne etwas sagen."
Ich nahm sie bei der Hand und führte sie in den Hof, ein Beispiel einer sonst nie gezeigten Höflichkeit gebend. Sie folgte mir mit einem Stirnrunzeln, ohne etwas zu sagen.
„Ich möchte dir etwas zeigen", sagte ich schließlich. „Ich habe die Aufzeichnungen des Direktors. Er hat sie mir zum Fotokopieren geliehen, und als ich dich so interessiert sah, dachte ich, du möchtest sie vielleicht haben."
„Du hast sie wirklich?" Sie hüpfte mit der Freude eines Kindes, dem man ein Eis versprochen hat. „Ich kann es kaum glauben."
„Aber ich habe sie nicht vollständig dabei", log ich. „Am Nachmittag können wir uns treffen, wenn dir das recht ist. Was hältst du davon? Ich lade dich zu einem Eis ein."

Sie schaute mich fest an wie jemand, der eine seltene Tierart studiert. Vielleicht verstand sie meinen Annäherungsversuch, denn ein fast unmerkliches Lächeln erschien auf ihren Lippen. Offenbar erschien ich ihr nicht übel, da sie zustimmte.

An jenem Nachmittag, in einem Café sitzend, gingen wir zusammen verschiedene Seiten der Aufzeichnungen des Direktors durch. Wir fanden viele beeindruckende Notizen und eine Reihe unverständlicher Aufsätze. Sahian bat mich, sie die letzten zehn Punkte, die wir am Ende lasen, von Hand abschreiben zu lassen. Es waren diejenigen, die ich nicht gehört hatte, da ich wegen des Blätterns in den Fotokopien abgelenkt gewesen war. Sie erklärte mir, sie wolle dieses handgeschriebene Blatt ihrem kleineren Bruder wie einen persönlichen Brief schenken. Beim Schreiben kam sie mir so nahe, dass mir der verrückte Wunsch durch den Kopf ging, sie zu küssen. Aber ich verdrängte diese Idee sofort wieder aus meinen Gedanken, mich schämend, sie überhaupt gehabt zu haben. Vor diesem Mädchen hatte ich einen Respekt, wie ich ihn noch nie für ein anderes gefühlt hatte.
Völlig nervös bot ich mich an, ihr zu diktieren:

Zehn Anzeichen für das Scheitern eines Jugendlichen, aus der Beobachtung der Beziehung zu seinen Eltern:

1. Er fühlt sich von ihnen unverstanden.
2. Er will ihnen nicht verzeihen.
3. Er fühlt Traurigkeit, Wut, Bitterkeit.
4. Er entfernt sich immer mehr von ihnen, spricht kaum mit ihnen.
5. Er kritisiert sie, greift sie an. Niemals dankt er ihnen.
6. Er verhält sich störrisch, rechtfertigt schlechte Handlungen und Verhaltensweisen, hört nicht auf ihre Ratschläge.
7. Er verteidigt sexuelle Freizügigkeit.
8. Er sucht sich, ohne es zu wollen, Freunde, die sich ebenso wenig von ihren Eltern verstanden fühlen, um sich in seiner Haltung zu bestätigen.
9. Er ist mit Gedanken beschäftigt, sich an ihnen zu rächen und macht sich dadurch anfällig für Laster, Missbrauch der Sexualität und Selbstmord.
10. Er verliert seine Fähigkeit zu lieben und verwandelt sich, ohne sich dessen bewusst zu sein, in eine Person, die unfähig ist, tiefere gefühlsmäßige Beziehungen aufzubauen.

Das sind häufige Folgen für einen Menschen, der keine gute Beziehung zu seinen Eltern hat.

Als wir fertig waren, ich mit dem Diktieren und sie mit dem Schreiben, schauten wir uns gegenseitig fest in die Augen. Es gab so etwas wie ein heimliches Band zwischen uns. Und ich verstand zum ersten Mal die Bedeutung eines wahren Gefühls, weit weg von Leidenschaft und Geilheit. „Mit unseren Eltern zu streiten kann wahrhaft großen Schaden anrichten", sagte sie mit verlorenem Blick. „Ich habe einen Freund in der Schule, der genau in diesem Moment dadurch extrem stark verwirrt ist. Er hat mich in den letzten Tagen zahlreiche Male angerufen, nur um mir zu sagen, wie sehr er leidet. Schade, dass er heute nicht im Unterricht war. Es hätte ihm sehr geholfen, was heute gesagt worden ist."
„Hmmm", antwortete ich ohne großes Interesse, „die meisten von uns schwänzen ihren Unterricht, wenn sie familiäre Probleme haben."
„Nein, er schwänzt nicht die Schule. Er ist definitiv von zu Hause abgehauen."
In meinem Herzen fühlte ich einen schrecklichen Stich.
„Und wie heißt dein Freund?", fragte ich beklommen.
„Vielleicht kennst du ihn. Sein Name ist Saúl. Saúl Hernández."

9. EINE BRÜDERLICHE UMARMUNG

Ich wartete etwa fünfzehn Minuten im Vorzimmer, mehrfach in Versuchung, zu verschwinden. Meine innere Ungewissheit steigerte sich zu einer eigentlich unbegründeten Angst, um sich wieder abzuschwächen angesichts der hohen Wahrscheinlichkeit, dass der Direktor mir helfen würde.
Die vorangehende Nacht hatte ich zwischen Wachheit und Halbschlaf verbracht, von meinem Bruder Saúl träumend. Seine Selbstverbannung hatte ungeahnte Folgen. Zu Hause schien sich mein Vater an seine Abwesenheit gewöhnt zu haben, gleichzeitig war allerdings seine Abneigung gegen ihn gestiegen. Wenn er seine Rückkehr noch weiter hinauszögerte, würde er womöglich gar nicht mehr an den Ort kommen können, an den er bis vor kurzem gehört hatte. Außerdem ließ mich die Tatsache, dass er mittlerweile seit fast einer Woche weg war, vermuten, dass sein verwirrter Zustand nicht das Ergebnis eines einfachen, vorübergehenden Zwistes war, sondern eine äußerst gefährliche Krise darstellte.
Es leuchtete nicht wie gewöhnlich das Lämpchen der Sprechanlage auf als Zeichen für die Sekretärin, mich einzulassen, es war der Direktor der Schule höchstpersönlich, der mir die Tür zu seinem Arbeitszimmer öffnete und mich einlud hereinzukommen. Er gab mir lächelnd und sehr fest die Hand und ließ mir höflich den Vortritt. Drinnen nahm ich Platz, ohne etwas zu sagen.
„Womit kann ich dir helfen, Gerardo?"
Ich wusste nicht, ob das emotionale System oder sonst irgendetwas die Ursache dafür war, aber ich hatte das Gefühl, als hätte mir eine gekochte Kartoffel den Hals verstopft.
„Ich möchte dir danken, dass du mir meine Aktentasche zurückgegeben hast", fügte er hinzu, da ich weiterhin schwieg.
Ich nickte. „Keine Ursache. Das ist meine übliche Höflichkeit", dachte ich ironisch.
„Ich freue mich, dass du zu mir kommst", fuhr er begeistert fort als bemerke er meine Weigerung nicht, „da ich nächsten Freitag eine Seminarreihe für eure Eltern beginnen werde. Es ist etwas, das ich schon seit langem geplant habe. Das Material, das ich ihnen dabei geben werde, ist das Ergebnis vieler Jahre Studium und Arbeit. Es ist so bedeutend, dass sich die Mühe lohnt, es sich anzuhören, glaube mir. Du solltest deine Eltern davon überzeugen, dass auch sie kommen."
„Die Aufzeichnungen der drei Mappen", sagte ich schließlich, „ich habe sie fotokopiert."

Yolza runzelte verwirrt die Stirn, aber fast augenblicklich ließ ihn das Misstrauen hochspringen wie von einer Sprungfeder getrieben.
„Du hast sie fotokopiert? Wozu?"
Ich weiß nicht, warum ich den Diebstahl zugab, es hatte keine Notwendigkeit dazu bestanden. Vielleicht lag es daran, dass ich manchmal gerne mit anderen Menschen spielte. Vielleicht aber auch, dass ich zum ersten Mal versuchte nicht zu spielen, in Anbetracht dessen, dass ich die enorme Wichtigkeit begriffen hatte, wahrhaftig zu sein.
Der Direktor nahm langsam Platz, ohne den Blick von meinem Gesicht zu lassen, wie ein Jäger, der seine Beute beobachtet. Glaubte er womöglich, ich wollte ihn mit seinen persönlichen Briefen erpressen oder so etwas in der Art?
„Wenn Sie wollen, gebe ich sie Ihnen vollständig zurück", sagte ich ohne große Begeisterung.
„Was führst du im Schilde Gerardo?"
„Nichts, Herr Direktor. Ich habe es getan, da das, was ich eigentlich nur deswegen gestohlen hatte, um mich für meine Wut auf Sie zu entschädigen, auf wirklich unglaubliche Weise der Anfang einer gewaltigen Transformation meiner Gedanken war. Mit Hilfe ihrer Aufzeichnungen verstand ich Dinge, die mir bisher noch niemand verständlich machen konnte. Obwohl Sie das nicht glauben werden, ich bin seitdem weniger aggressiv, und ich fühlte, dass sie mir in Zukunft weiterhin helfen könnten, wenn ich sie für mich aufbewahrte. Ich muss mich gut vorbereiten, um meinem Bruder Saúl zu helfen, wenn er zurückkommt."
Der Mann schien besorgt. Er rieb sich so fest die Augen, als wolle er sie aus den Augenhöhlen entfernen und seufzte. Er schien jetzt etwas ruhiger zu sein, obwohl ganz offensichtlich nicht einverstanden.
„Was weißt du von Saúl? Hast du irgendwelche Nachrichten, wo er sich aufhält?"
„Mehr oder weniger, Herr Direktor. Er hat mit einer gemeinsamen Freundin telefoniert. Heute Nachmittag werde ich ihn suchen gehen."
„Warum bist du nicht früher gegangen?"
„Er befindet sich außerhalb der Stadt."
Eine Zeitlang dachte er mit starren Pupillen nach.
„Armer Saúl. Er braucht ganz viel Hilfe."
Ich sah plötzlich die Gelegenheit, neue Steine zu dem Puzzle hinzuzufügen, und wollte sie nicht vorübergehen lassen.
„Sie kannten meinen Bruder, bevor er hierher auf die Schule kam, nicht wahr?"

Er pflichtete mir bei: „Deinen Bruder und deinen Vater."
„Und Sie waren derjenige, der gegen Saúl Anzeige erstattet hatte, was zu seiner Inhaftierung führte, oder nicht?"
Er zögerte mit der Antwort. Aber noch bevor er das machte, gab er mir die Bestätigung durch seine versonnene Art. Mein Herz schlug wie wild.
„Viel ist seitdem passiert", seufzte er mit melancholischem Gesichtsausdruck.
„Zu jener Zeit arbeitete ich als Fortbildungstrainer für Firmen und meine Frau als Sprachlehrerin. Immer hatte uns die Ähnlichkeit unserer Tätigkeiten verbunden, und wir glaubten, nichts weiter für unsere Beziehung tun zu müssen." Er stand auf und zog langsam die Vorhänge seines Arbeitszimmers zu. „Seit ich meine Lebenssicht geändert habe, weiß ich, dass so viel Perfektion in Wirklichkeit eher trübe Eintönigkeit ist. Unsere Ehe war in einen solchen Zustand geraten, was allmählich langweilig wurde. Also beschlossen wir, ein weiteres Kind zu bekommen, um wieder mehr Lebensfreude in unser Heim einziehen zu lassen, aber es kam während zahlreicher Monate zu keiner neuen Schwangerschaft. Als wir schließlich nach vielem Bemühen unser Vorhaben doch noch erreichten, war das für uns ein großes Familienfest. Wir brauchten dieses Kind viel nötiger als die beiden ersten. Die Schwangerschaft brachte neuen Wind in unsere Ehe. Alles entwickelte sich perfekt, bis eines Tages dein Bruder Saúl auf der Bühne erschien."
Er setzte sich wieder und strich sich mehrfach mit der Hand über sein Kinn, zweifelnd, ob er fortfahren sollte oder nicht. Aber es war bereits zu spät aufzuhören. Mein begieriger Blick sagte es ihm in aller Dringlichkeit.
„Er war ein ausgezeichneter Schüler der ersten Oberstufenklasse, die gerade meine Frau unterrichtete. Ausgezeichnet, aber unbesonnen und mit einiger machohafter Arroganz. Zuerst näherte er sich ihr, um ihr zu sagen, sie sei seine *platonische Geliebte*. Meine Frau dankte ihm und erinnerte ihn daran, dass sie verheiratet sei. Aber Saúl bedrängte sie weiter, schickte ihr Nachrichten und Briefe, die zugegebenermaßen am Anfang noch zärtlich und süß waren, aber dann immer mehr frech und schleimerisch wurden. Sie erzählte mir nichts von ihrem Problem, um mich nicht zu verärgern oder zu ängstigen. Sie beschloss, es alleine zu regeln, verkannte aber die Situation. Sie glaubte, wenn sie deinen Bruder vor allen lächerlich machen würde, würde er mit den Belästigungen aufhören, und las deshalb seinen frechsten Brief in der Klasse vor. Unter dem Gelächter und dem Spott der anderen wechselte der Jugendliche vielfach die Farbe. An jenem Tag wartete er auf sie in der Nähe ihres Autos, um sich bei ihr über das, was sie getan hatte, zu beschweren. Mein Frau versuchte wegzukommen, mit der Absicht, in ihr Auto zu steigen, aber dein Bruder hielt sie gewaltsam an

den Schultern fest. Ich weiß nicht, was in diesem Moment in seinem Kopf vor sich ging, aber als er bemerkte, wie sie sich in seinen Armen sträubte, versuchte er sie zu küssen. Meine Frau wehrte sich schreiend, und wie es der Zufall wollte, versetzte ihr Saúl in dem Kampf einen heftigen Schlag in den Bauch. Wegen der Stelle und der Heftigkeit verursachte dieser Schlag einen Riss der Membran und damit einen Notfall-Abort, während dessen ihr Leben in größter Gefahr war. Es gab sogar Zeugen des Vorfalls. Nun ja, es klingt übel, aber dein Bruder beging fahrlässige Kindestötung unter straferschwerenden Umständen der Heimtücke, des niederen Motivs und physischer wie psychischer Verletzung. Nach Ansicht der Anklage hatte er eine harte Strafe zu verbüßen."
Ich bemerkte erst einige Sekunden, nachdem der Direktor geendet hatte, dass mir der Mund offen stand. Den Rest der Geschichte kannte ich ja bereits aus seinen Schriften.
„Alle Ereignisse, die der Mensch als Unglück einschätzt, Gerardo, sind längerfristig gesehen großartige Segnungen Gottes. Diese Fehlgeburt brach unseren hohen Stolz und machte uns bescheiden, um die Leerheit zu verstehen, die in unseren Leben herrschte. Ohne diesen Schicksalsschlag wäre ich vielleicht heute noch der eingebildete und selbstherrliche Typ von früher, der sich einzig und allein um seine Familie und sein berufliches Weiterkommen sorgte. Dieses Ereignis bedeutete den Anfang einer neuen Zeit für uns. Es war wie Sterben und Geborenwerden in einem, angesichts der direkten Erfahrung der Macht Gottes. Wir legten unseren Stolz auf unser *perfektes* Leben ab, weil wir begriffen, dass alle unsere Errungenschaften Geschenke Gottes waren, Geschenke, die er so, wie er sie uns gegeben hatte, auch wieder nehmen konnte. Wir gaben uns in die Hand Gottes und Er vergoss seine Liebe über unser Heim und brachte uns dadurch einen Frieden, wie wir ihn nie vorher gekannt hatten. Nachdem wir bereits ein Kind verloren hatten, war anderer Verlust für uns bedeutungslos geworden. Wir gaben alles, unsere Arbeit, unsere materiellen Güter, unsere Gesundheit, unsere Familie in Gottes Hände. In Wirklichkeit hatte es ihm auch vorher gehört, aber das bewusste Hingeben verlieh allem einen höheren Sinn. Am Vorabend des Tages, an dem das Urteil über Saúl gesprochen werden sollte, kam dein Vater zu uns, um uns zu bitten, die Klage fallenzulassen, aber es war ein unnötiger Besuch, da wir bereits beschlossen hatten, das zu tun."
„Herr Direktor", unterbrach ich ihn, völlig fasziniert durch die Erklärung von etwas, das mich eigentlich sehr bedrückte, sowohl weil meine Familie darunter litt als auch wegen der Art seiner Darstellung.
„War Ihnen, als Sie diese Schule gründeten, bewusst, dass mein Bruder einmal hierher zum Studieren kommen könnte?"

„Ja. Ich trug immer eine große Unruhe in mir. Ich wollte ihn wiedersehen, um ihm zu sagen, dass es keinen Groll gäbe, und um ihm meine Freundeshand zu reichen. Eines Nachmittags, als ich die Karteikarten mit den Neueinschreibungen der Woche durchging, sah ich seinen Namen auf einer. Erschrocken über die Herausforderung, die das Schicksal mir stellte, wartete ich am nächsten Morgen am Schülereingang. Als er mich am Tor der Schule sehen sah, verdüsterte sich sein Blick in solchem Maße, dass ich den Eindruck hatte, er würde gleich wieder umkehren. Aber ich hielt ihn auf und bot ihm meine Freundschaft und Hilfe an. Ich sagte ihm, diese Schule sei auch seine und nichts würde mich glücklicher machen, als ihm helfen zu können. Seine Anwesenheit hier war unregelmäßig. Viele Male schlossen wir uns alleine ein, so wie du und ich es gerade machen, um zu analysieren, *wie man die Fülle des gegenwärtigen Augenblicks leben könne, ohne ständig von den Gespenstern der Schuld verfolgt zu werden.* Aber die Keime der Unsicherheit und Selbstverachtung hatten bereits tiefe Wurzeln in ihm geschlagen. Ich bedauere, dass ich sie nicht habe ausreißen können."

Ich beobachtete fest den Ausdruck von echter Zärtlichkeit, die aus den Augen des Lehrers floss und verspürte plötzlich eine große Bewunderung für ihn.

„Sie sagten mir, der Kurs für die Eltern beginne morgen?", fragte ich ihn.

„So ist es. Tu dein Möglichstes, damit deine teilnehmen."

„Kann ich auch kommen? Als Hörer. Bitte."

Für eine Antwort auf diese Frage brauchte er bedeutend länger als für die Beantwortung meiner vorigen Fragen. Klar, es erschien nicht besonders ratsam, einem Jugendlichen die Anwesenheit bei einer Veranstaltung zu erlauben, in der man den Erwachsenen Empfehlungen gab, wie sie seinesgleichen behandeln sollten. Aber der Dirktor wusste mit Sicherheit, wie viel die Initiative der Jugendlichen zählte, gerade für die Verbesserung der familiären Bedingungen. Außerdem war es, gemäß seiner langen Ausführungen über einfühlsame Kommunikation zwischen Eltern und Kindern vom Vortag, bestimmt sinnvoll, wenn die Jugendlichen die Aufgaben ihrer Erzeuger kennen würden und umgekehrt. In einer Familie sollte es keine Geheimnisse und einseitige Strategien geben. Es handelte sich schließlich nicht um einen Manipulationskrieg, sondern um ein Zusammentreffen von Liebe mit Liebe.

Der Direktor schaute mich fest an. Es ging ihm wohl etwas Ähnliches durch den Kopf. Schließlich antwortete er:

„Sei willkommen bei den Veranstaltungen, wenn du möchtest."

„Und ist es wahr, dass Sie sich diese Versammlung der Eltern seit vielen Jahren gewünscht haben?"

„Du kannst dir dessen sicher sein - mehr als jeder andere."

Ich runzelte die Stirn, ohne zu verstehen.
„Im März vor vier Jahren dachte ich zum ersten Mal daran." Und mit einem leichten Lächeln der Komplizenschaft fügte er hinzu: „Du kannst es in deinen Kopien meiner Ausarbeitungen nachschauen."
Fast augenblicklich merkte ich, dass er *deine* Kopien gesagt hatte. Ich stand auf und reichte ihm erschüttert die Hand. Ich hätte ihn gerne umarmt, hielt mich aber zurück. Er sich nicht. Er zog mich an sich, um mich brüderlich fest zu umarmen. Ich verließ sein Büro, ohne meine Tränen verstecken zu können oder noch zu wollen.
Mein Vater hatte Bescheid gegeben, er würde nicht zum Essen kommen. Das war etwas Ungewöhnliches. Ich wollte dringend mit ihm reden, also rief ich ihn im Krankenhaus an. Nachdem ich mehrere Minuten gewartet hatte, meldete er sich mit müder, übellauniger Stimme:
„Ja!"
„Papa, hier ist Gerardo."
„Ist etwas Schlimmes passiert?"
„Nein. Ich rufe dich an, um deine Erlaubnis zu erbitten, außerhalb schlafen zu dürfen. Eine Schulfreundin hat mir erzählt, Saúl habe sie von Guanajuato aus mehrfach angerufen hat, und ich möchte ihn suchen gehen. Natürlich nur, wenn du mich lässt."
Am anderen Ende der Leitung hörte man nur Schweigen. Ich bedauerte, dass ich die Reaktion in seinem Gesicht nicht sehen konnte. War es Besorgtheit, Wohlwollen, Gleichgültigkeit? Eine Zeitlang hatte mein Vater überhaupt nicht mehr von meinem Bruder sprechen wollen, und wenn er es machte, dann nur, um ihn herabzuwürdigen und zu beleidigen. Als Laura ihn das letzte Mal in seiner Gegenwart erwähnte, sagte er, er wollte nicht noch einmal etwas von diesem undankbaren Sohn wissen. Mama weinte sehr, und ich fragte mich, ob seine Reaktion der plötzlichen Ablehnung nicht lediglich der Reflex eines unsagbaren Gefühls der Schuld war.
„Womit fährst Du?"
„Mit dem Bus, Papa. Ich versichere dir, dass ich das gut alleine kann. Du brauchst dir keine Sorgen um mich zu machen. Irgendjemand muss ja schließlich meinen Bruder suchen. Bitte."
„Er verdient alles Üble, das ihm nur passieren kann."
„Und du verdienst ... " Aber ich riss mich zurück, bevor ich es ausgesprochen hatte. Wenn ich nicht damit anfing, das kürzlich Gelernte in die Praxis umzusetzen, würde meine Familie irgendwann in den Abwassersedimenten enden.
„O.k. Aber ich will ihm helfen. Und ich werde nicht ohne Erlaubnis gehen, nicht einmal wegen etwas so Wichtigem. Gib mir dein Einverständnis. Ich

werde im Haus eines ehemaligen Schulkameraden schlafen, bei dem sich Saúl aufgehalten hat, wie mir erzählt wurde. Und morgen Mittag werde ich zurückkehren, hoffentlich zusammen mit ihm."
„Dein Bruder wird hier nicht mehr willkommen sein."
„Das ist eine Lüge. Du bist der am meisten Besorgte und Traurige von uns allen. Bitte, lass mich gehen."
Um mir zu sagen „Es ist gut, du kannst gehen", brauchte er mehr als eine Minute. Ich musste mental gegen das Schweigen des Apparates ankämpfen, damit mir nicht aus lauter Dummheit ein böses Wort herausrutschte. Am Ende erhielt ich die Erlaubnis, aber bevor ich auflegte, erzählte ich ihm von der Konferenz am nächsten Tag in der Schule und bat ihn, auf jeden Fall hinzugehen, worauf er mir mit einem langen kehligen Laut antwortete. Papa hielt sich selbst für einen gebildeten Menschen, und es passte nicht in seine Vorstellung, ein anderer könne ihm Ratschläge geben.
Ich informierte auch Mama darüber und bat sie um Erlaubnis für das, was ich vorhatte. Ich erhielt nicht nur viel leichter ihre Zustimmung, sondern außerdem noch genügend Geld für ein Hotelzimmer, falls ich es brauchte, und ein Taxi, das sie anrief, um mich zum Busbahnhof zu bringen. Ich hatte Mitleid mit ihrem versteckten Kummer und umarmte sie fest, bevor ich ging. Wir hatten uns viele Jahre nicht mehr umarmt, und sie bedeckte meine Wangen mit ihren Tränen.
An diesem Tag machte ich Erfahrungen mit der ungewöhnlichen Kraft, die im physischen Kontakt einer Umarmung enthalten ist. Erst mit meinem Schulleiter und dann mit meiner Mutter. Irgendetwas in der Wärme ihrer Körper vermittelte mir das Gefühl, ein würdevolles und gutes Menschenwesen zu sein.
Ich bestieg das Taxi und winkte zum Abschied mit der Hand, wie ein kleines Kind, das sich von seiner Mutter verabschiedet, um in den Kindergarten zu gehen.

10. NUR FÜNF GESETZE

Zu dieser Jahreszeit waren die Straßen relativ leer und die Busse fuhren gewöhnlich mit hoher Geschwindigkeit. Die Luft drang durch eine Spalte des Aluminiumfensters und verursachte einen schwachen, aber beständigen Pfeifton. Ich zog mir meine Jacke aus und hängte sie an den Rahmen, um den schwachen Luftzug abzudämmen. Dann öffnete ich die Mappe mit den persönlichen Briefen des Direktors und suchte nach einem Schriftstück vom März vor vier Jahren. Es gab nur ein einziges. Obwohl es an seine Frau gerichtet war, handelte sich nicht wirklich um einen Brief, sondern eher um ein Schreiben zum Festhalten persönlicher Erfahrungen. Ich vertiefte mich darin mit der Behutsamkeit eines Menschen, der die intimen Räume eines wahren Freundes betritt.

Es war elf Uhr morgens an irgendeinem Mittwoch. Die fast durchsichtige Klarheit des Himmels schien ihren Höhepunkt erreicht zu haben, und die angenehme Märzwärme hüllte uns ein. Ich war mitten an einem Arbeitstag mit meiner Familie im Park unterwegs und atmete tief, von Lebensfreude erfüllt. Wenn ich so viele Male aus meinem Büro weggegangen war, um lästige Erledigungen und Besuche zu machen, konnte ich doch wohl auch einmal meine Frau und meine Kinder zu einem Spaziergang einladen, so als ob es nichts Wichtigeres auf der Welt gäbe.
Wir gingen Arm in Arm, während die Kinder um uns herumsprangen. Plötzlich stolperte der kleine Carlos, fiel hin und schürfte sich dabei die Knie auf. Ivette und du wolltet ihm zu Hilfe eilen, aber ich hielt euch zurück. Wenn du das Kind jedes Mal, wenn es sich verletzt, bemitleiden würdest, würde er sich daran gewöhnen, für jede Kleinigkeit die Anteilnahme anderer zu suchen, und zu einem weinerlichen und verlogenen Menschen werden. Die Tatsache, dass er gestolpert ist, ist kein so herausragendes Ereignis, dass es verherrlicht werden müsste.
„Er ist hingefallen? Dann soll er halt wieder aufstehen."
Nachdem der Kleine seinen Kopf mit dem Ausdruck des Märtyrers nach beiden Seiten gedreht und gemerkt hatte, dass der gewohnte Zuspruch nicht kam, stand er wieder auf, schüttelte sich seine Hose ab und spielte weiter.
„Du bist ein sehr harter Vater", sagtest du, während du mich umarmtest.
Als Antwort fasste ich dich um die Taille und küsste dich zärtlich. Ivette kam gelaufen, um ihrem Bruder ein Spiel vorzuschlagen, und wir setzten uns in den Schatten eines riesigen Eukalyptus.
„Wenn ich so sehe, wie formbar und empfänglich die Kinder sind, frage ich mich, ob wir den geeigneten Nachdruck auf eine gute Erziehung legen. Wollen wir, dass sie Doktoren der Wissenschaft, Kunst oder Geschichte werden?

Und mit welchem Ziel? Kulturelle Bildung ist wie der Besitz einer Sammlung teurer Gemälde: hoch angesehen, aber ohne wirklichen Nutzen.
„Sagst du das im Ernst?"
Ich nickte.
„Was in der Erziehung der Kinder wirklich zählt, sind nicht ihre technischen oder historischen Kenntnisse, sondern die geistige Beweglichkeit, die Entwicklung ihrer Fähigkeit zu lernen, das Wissen, welche Ansprüche sie an die Zukunft stellen dürfen, die gelungene intellektuelle Offenheit, die ihnen ein erfülltes Leben ohne Angst und Stereotypen ermöglicht."
„Willst du damit sagen, dass so viele Jahre, die wir uns dem Studium gewidmet haben, vergeblich waren?"
„Helena, es ist einfach eine Tatsache, dass nur ein minimaler Teil dessen, was sie uns in den Klassenzimmern beibringen, im späteren Leben anwendbar ist. In der Schule müsste vermittelt und gelernt werden, wie Zusammenleben funktioniert, wie man Probleme löst und Vertrauen in seine Fähigkeit zu lernen und zu arbeiten entwickelt. Das Wichtige besteht nicht darin, eine Sammlung von Gemälden anzulegen, sondern zu wissen, dass du in der Lage bist, dir das Nötige zu erwerben, wenn du es brauchst."
Du brachst eine Blume ab, um mit ihr zu spielen und sahst mich aufmerksam an, um mir zu zeigen, dass du noch mehr hören möchtest.
„Im Alter von fünfzehn", fuhr ich nachdenklich fort, „machte ich eine Erfahrung, die mir später als Erwachsener nützlicher war als viele Jahre Studium. Mein Vater lud mich in den Ferien ein, gemeinsam zu einer Stadt zu fahren, die 1200 Kilometer von unserer entfernt liegt. Aber bevor es losging, legte er einige ganz besondere Regeln fest: Wir würden hin und zurück per Autostop fahren, ohne einen einzigen Cent zu verbrauchen. Ich würde der Führer sein, und er stelle sich die ganze Reise über stumm.
Einige Male, wenn wir allein waren, stellte er mir Fragen, um mich zum Nachdenken zu veranlassen, wie wir am besten weitermachen könnten. Mit seiner Unterstützung, aber vor allem durch mein eigenes Handeln, kamen wir zu kostenlosem Essen und Transport, und nach drei Tagen, die für mich eine äußerst intensive Formung bedeuteten, erreichten wir unser Ziel. Ich fühlte mich stark und selbstsicher, mein Leben hatte eine entscheidende Veränderung erfahren und war niemals mehr so wie vorher."
Du betrachtetest mich mit großer Aufmerksamkeit, mir bequem gegenübersitzend. Ich streichelte dein Haar und küsste dich. Weißt du, mich fasziniert die Art, wie du mir zuhörst.
„Wir leiten jetzt gerade seit einem Jahr unsere Schule", setzte ich fort, „und mir scheint, unsere Jugendlichen haben den Kompass verloren. Alles, was du ihnen sagst, akzeptieren sie wortlos. Sie haben keine Neugier auf nichts. Sie lesen nicht, sie haben keine Ausdauer, ihren Geist zu schulen. Ohne zu hinterfragen, was man

ihnen vermittelt, leben sie einfach dahin. Sie weichen Verantwortlichkeiten und Probleme auf. Für sie ist alles Anlass zu obszönen Spielen und beleidigenden Scherzen.
„Und an wen, glaubst du, wird man sich wenden müssen?"
„Ganz bestimmt nicht an die Erziehungssysteme. Die Erwachsenen waschen sich gewöhnlich die Hände in Unschuld und argumentieren, das eine oder andere Kind sei das schwarze Schaf des Hauses oder durch schlechte Freundschaften verdorben, aber das ist von den Ursachen ablenkende Naivität. Weder existiert das schwarze Schaf, noch sind die Freunde der direkte Grund für das Übel. Irgendwann einmal muss ich mich mit den Eltern treffen und sie darin unterweisen, was ihre Kinder meiner Meinung nach dringend benötigen."
„Und warum machst du es nicht jetzt?"
Deine Frage schwebte einige Sekunden in der Luft. Warum nicht?
Es ist etwas anderes, von „Erfolg" in Bezug auf Arbeit und Geschäft zu sprechen als in Bezug zur Familie. Das Material, das ich jahrelang für junge Angestellte verwendet hatte, erscheint mir unzureichend, um es auf die Eltern anwenden zu können. Mit jungen Menschen hat es sich als einfach erwiesen, weil sie besonders aufnahmefähig sind, aber mit den Eltern ist das etwas anderes. Für sie muss ich die Prinzipien klar und kurz herausarbeiten, leicht zu verstehen und zu behalten, um sie ihnen als einen sicheren Weg zu einer besseren Elternschaft anbieten zu können. Noch bin ich nicht vorbereitet."
„Du glaubst also, sie brauchen klare Konzepte, damit sie sie verinnerlichen können?"
„Ja. Der Vorgang der Verinnerlichung funktioniert stets so: Eine Wahrheit kann nur dann bis in die Tiefen des Verständnisses dringen und zu einer wirksamen Überzeugung werden, wenn sich der Mensch mit ihr in einen intellektuellen Prozess verwickelt, sie wiederholend, abwägend, sich in die Tiefen begebend und wieder zu den Anhöhen der Idee hinaufsteigend, bis er sie schließlich im Kern seines Seins verinnerlicht hat."
„Also hatten einige Bücher zur persönlichen Weiterentwicklung deshalb einen so großen Erfolg, da ihre Grundlage die Aufforderung an den Leser ist, die Konzepte über einen längeren Zeitraum immer wieder zu lesen und zu wiederholen?"
„Klar. Es sind Bücher, die dann wirksam sind, wenn du der Anregung folgst, sie ständig zu wiederholen, bis du sie in deine Lebensphilosophie integriert hast. Aber sie können auch höchst schädlich sein für jemanden, der sie lediglich zum romantischen Zeitvertreib nutzt."
„Was? Wie kann ein Buch zur persönlichen Weiterentwicklung jemanden schädigen?"
„Wenn du es nur oberflächlich liest, bekommst du den Eindruck, schon alles zu wissen und somit überhaupt keinen Rat zu brauchen. Daraus entsteht die Überheblichkeit, besser als andere zu sein. Aber in Wahrheit verliert dein Intellekt

an Stärke, indem er dich in einen besserwisserischen Dummkopf verwandelt. Der wahre Erfolgsmensch lernt, bevor er sein Wissen weitergibt, beobachtet, bevor er handelt, hört, bevor er spricht, und gehorcht den Zeichen, die ihm Gott schickt, um das an andere weiterzugeben, was er selbst bekommen hat. Ich erwarte diese Zeichen mit großer Sehnsucht, mein Liebling. Du kannst dir meine Unruhe nicht vorstellen, mit der ich auf jeden noch so kleinen Hinweis achte. Eines Tages möchte ich in meinen Händen das geeignete Material haben, das ich an die vielen Eltern weißer Schafe weitergeben kann, die sich in Anbetracht ihres drohenden elterlichen Scheiterns damit zufriedengeben, diese in schwarz umzufärben."
Du beobachtetest mich mit etwas geöffneten Lippen und mit leicht zur Seite geneigtem Kopf. Ich beugte mich zu dir, um dich zu küssen. Dabei verloren wir das Gleichgewicht und rollten fest umarmt über die Wiese, so, wie wir es häufig als jung Verliebte gemacht hatten.
Ein schmerzliches Weinen unterbrach uns. Wir sprangen alarmiert auf und liefen zum kleinen Carlos, der sich wieder an einem Stein verletzt hatte und diesmal blutete. Ich hielt dich am Handgelenk fest, doch du schautest mich bittend an:
„Lass es mich noch einmal versuchen."
Ich stimmte zu, und du nähertest dich dem Kleinen, der dir laut weinend seinen verletzten Unterarm zeigte. „Was ist dir passiert, mein Sohn?", fragtest du ihn mit neutraler Stimme. Das Kind antwortete, sinnlose Dinge vor sich hin stammelnd.
„Ich werde dir sagen, was passiert ist. Du bist so schnell hierher gelaufen, dass du den Bordstein nicht bemerkt hast und vornüber auf die scharfe Kante des Steins gefallen bist."
Während deiner Erklärung führtest du ihn wie eine Puppe und wiederholtest mit ihm die Szene in Zeitlupe. Der kleine Lausbub, interessiert deiner Erklärung zuhörend, begann immer mehr, sein Geplärre zu vergessen. Du ließt ihn mit seiner verletzten Hand leicht den Stein berühren, über den er gefallen war, und schließlich hörte er zu weinen auf, um aufmerksam den Vorgang der Verkrustung des Risses in der Haut zu verfolgen.
„Aber es kommt Blut heraus, Mama."
„Mach dir darüber keine Sorgen. Stell dir vor, es wäre Tomatensauce."
Und das Wehklagen von Carlito hatte sich in freudiges Lachen verwandelt. Er kam zu mir gelaufen, um mir seine Wunde zu zeigen.
„Schau, Papa, schau! Bei mir kommt Tomatensauce heraus!"
Ich beobachtete dich mit einem großen Lächeln, und du zucktest die Achseln in einem Anflug von Koketterie. Ich konnte mich nicht mehr zurückhalten und fing an zu lachen.
Mein Schatz - ich muss es dir unbedingt sagen, und auch meine ganze Schilderung hatte keine andere Absicht: Nach so vielen Jahren fühle ich mich wirklich verliebt in dich.

Es war eine ergebnislose Fahrt. Als ich den Ort erreichte, an den sich mein Bruder die letzten Tage geflüchtet hatte, konnte ich ihn nicht mehr antreffen. Die Mutter meines ehemaligen Schulkameraden kam aus dem Haus und empfing mich mit einem Ausbruch offensichtlichen Überdrusses. Nachdem sie mich davon in Kenntnis gesetzt hatte, dass Saúl tatsächlich hier geschlafen und gegessen hatte, teilte sie mir mit, er habe letztendlich beschlossen, wieder nach Hause zurückzukehren. Ich verabschiedete mich höflich und zog mich zurück, um ein Hotel zu suchen, da es mir nicht ratsam schien, noch mehr Unannehmlichkeiten zu verursachen. Es war schon seltsam zu erfahren, dass sich mein Bruder gerade auf dem Heimweg befand, während ich von zu Hause weggefahren war. Vielleicht hatten wir uns ja sogar auf dem Weg irgendwo gekreuzt. Ich verbrachte die Nacht in einem Absteigeloch und machte mich am folgenden Tag auf den Rückweg. Um Mittag bekam ich einen Bus. Unterwegs las ich den Brief. Danach verschloss ich die Mappe wieder sorgfältig und sah auf die Uhr. Es war fast drei Uhr nachmittags. Ich war voller Ungeduld, endlich in unserer Stadt anzukommen. Um diese Zeit müsste Saúl bereits zu Hause sein, und wenn sich das Drama seiner Wiederaufnahme nicht gefährlich in die Länge gezogen hatte, gab es immerhin die entfernte Möglichkeit, dass meine Eltern zur um vier Uhr beginnenden Konferenz für die Familien gegangen waren, worum ich sie so inständig gebeten hatte.

Ich blätterte erneut in den Aufzeichnungen des Schulleiters, die Wahrscheinlichkeit grüblerisch abwägend, dass er vier Jahre nach dem Beginn seiner quälenden Unruhe, eine Elternversammlung einberufen zu sollen, tatsächlich das Material vollständig zusammen hätte, das ihn offenbar so stark beschäftigt hatte. Ich ging die Korrekturen der Übersetzung der antiken Texte durch und verstand plötzlich den Satz *„den Zeichen gehorchen, die Gott ihm schickt, um das an andere weiterzugeben, was er selbst bekommen hat"*.

Ich musste unbedingt bei dieser Veranstaltung anwesend sein. Sobald der Bus am zentralen Bahnhof hielt, sprang ich wie der Blitz heraus, um mich auf die Jagd nach den städtischen Transportmitteln zu machen. Ich wollte mir kein Taxi nehmen, um das übrig gebliebene Geld zu sparen, also nahm ich den erstbesten Kleinbus, der vorbeifuhr. Wegen meiner Knauserigkeit kam ich eine halbe Stunde später an, als wenn ich mir ein Taxi genommen hätte.

Die Konferenz hatte mit Sicherheit schon begonnen.

Ich lief auf der gegenüberliegenden Straßenseite an der Schule vorbei und legte die etwa 1000 Meter von dort bis zu unserem Haus in Weltrekordzeit zurück. Aus lauter Sorge um die Mappen mit den Aufzeichnungen Yolzas hatte ich vergessen, meine Schlüssel mitzunehmen. Also klingelte ich, aber niemand öffnete mir. Ich hämmerte so heftig gegen die Tür, dass die Nachbarn neugierig nach draußen schauten. Es war niemand zu Haus! Ich lächelte. Vielleicht waren sie in der Schule und nahmen an der Konferenz teil. Wo auch sonst? Ich ballte bewegt die Fäuste und drehte mich um, hüpfend und singend, in völliger Unwissenheit, dass es in Anbetracht der Überraschungen, die das Schicksal für mich bereithielt, für lange Zeit das letzte Mal war, dass ich springen und hüpfen würde.

Keuchend betrat ich die Schule. Die Empfangsdame hielt mich auf, um mich nach meinem Namen zu fragen. Ich sagte ihn ihr, und sie verglich ihn mit denen, die sie aufgeschrieben hatte.
Während sie mich in der Liste suchte, konnte ich nicht umhin, einen Papierbogen mit eleganten handschriftlichen Buchstaben zu betrachten, der an der Tafel für Aushänge befestigt war. Der Titel der Veranstaltung erweckte meine Aufmerksamkeit, er klang ebenso alarmierend wie geheimnisvoll. Er sagte nicht allzu viel, und auf der anderen Seite sagte er alles.

WICHTIGE BOTSCHAFT ZUR FAMILIÄREN
WEITERENTWICKLUNG
Seminar für Eltern
SAAL NR. 8

„Der Direktor hat seine Erlaubnis zur Teilnahme lediglich zwei Jugendlichen gegeben ... Ah ja ... du bist einer von ihnen."
„Und wer ist der andere?" „Eine Schülerin mit Namen Sahian."
Ich konnte nicht verhindern, dass sich ein Lächeln über mein Gesicht ausbreitete. Sahian musste von dem Ereignis erfahren haben und hatte sicherlich, so wie ich, eindringlich darauf beharrt, sie teilnehmen zu lassen. Fantastisch! Es war mir sehr wichtig, sie zu sehen! Ich musste ihr so viele Dinge erzählen! Während ich die Treppe hinaufging, schwitzten meine Hände stark. Ich betrat den Saal, ohne anzuklopfen, und niemand wandte den Kopf. Die Eingeladenen hörten dem Direktor aufmerksam zu, der von einer Seite auf die andere ging, während er sprach. Mitten im Raum gab es einen riesigen rechteckigen Tisch, der mit einem grünen Tuch bedeckt war und um den herum die Hörer saßen. Ich nahm Platz, etwas entfernt vom Tisch, und ließ den Blick suchend nach meiner Familie schweifen. Niemand. Sie waren nicht da. Meine teure Freundin saß auf einem Stuhl im Zentrum. Die übrigen Teilnehmer waren Eltern. Ich zählte fünfzehn Frauen und zehn Männer, was bedeutete, dass nicht nur komplette Ehepaare anwesend waren.

Ich kratzte mir unkonzentriert den Kopf. Wo könnten meine Familienangehörigen sein? Vielleicht waren sie zusammen weggegangen, um die Rückkehr des verlorenen Sohnes zu feiern, obwohl mein Vater ziemlich weit davon entfernt war, so zu denken wie der Vater, den Lukas im Kapitel 15 seines Evangeliums beschreibt. Alles Mögliche konnte beim Wiedertreffen passiert sein, vom Besten bis zum Schlimmsten. Im Moment brauchte ich mir aber keine unnötigen Sorgen zu machen, sei es, wie es sei, es war ja bereits passiert. Ein Gehilfe kam zu mir, um mir Stift und Papier zu geben, und der Vortragende begrüßte mich mit einer leichten Kopfbewegung, ohne seinen Redefluss zu unterbrechen.
„Es ist nicht die Welt, die sich im Verfall befindet", erzählte er gerade, „weder Korruption, Verbrechen, Prostitution noch Drogen sind einfach so gekommen. *All das, wovor wir Angst haben, hat seinen Ursprung im Schoß einer Familie. Es sind die Familien, die in Verfall geraten, und wenn sie ihre Basis verlieren, zerstört sich der Mensch unwiderrufbar selbst.*
Die gesamte Schöpfung entwickelt sich auf der Grundlage von Gesetzen. Niemand kann diesen Gesetzen trotzen. Wer es trotzdem macht, wird die Folgen seiner Übertretung erleiden müssen. Es ist sehr einfach. Wenn du aus dem Fenster eines Gebäudes springst, um dich durch die Luft zu bewegen, wird dich das Gesetz der Schwerkraft töten. Ein Gesetz erfüllt sich immer. Die Weisheit eines Menschen bemisst sich an seiner Fähigkeit, jedes zu verstehen. Um ein Heim zu führen, ist es entscheidend, diese fünf Gesetze zu verstehen und zu respektieren:

1. Das Gesetz des Beispielgebens

2. Das Gesetz der bedingungslosen Liebe

3. Das Gesetz der Disziplin

4. Das Gesetz wahrer Kommunikation

5. Das Gesetz der spirituellen Kraft

Ich hatte immer geglaubt, die Gebote zum Erreichen des Glücks würden sich auf einige hundert belaufen, aber dieser Mensch, der zweifellos viel Weisheit besaß, kündigte lediglich fünf an!
Ich schaute auf die große Papierrolle und schrieb die Titel, die groß darauf standen, zu meiner Hilfe auf die Mappe mit dem Verschluss, welche die Kopien mit den persönlichen Aufzeichnungen des Vortragenden enthielt. Ihre feste Hülle auf meinen Beinen konnte als Pult dienen, wenn ich keine

Lust hätte, aufzustehen und mich an den Tisch zu setzen, an dem mit Ausnahme von Sahian nur Erwachsene waren.

Der Vortragende machte eine Pause, um die Schriftrolle weiterzudrehen und den Text zu wechseln, und bei mir erwachte ganz plötzlich Interesse für das gerade Gehörte, so dass ich doch beschloss, mich an den Tisch zu begeben.

Als die Erwachsenen bemerkten, dass ich mich meinem für mich vorgesehenen Stuhl näherte, machten sie mir Platz, ohne mein geringes Alter zu bemerken. Nur Sahian drehte den Kopf, um mich anzuschauen. Ihr Gesicht erhellte sich mit einem wundervollen Lächeln, während sich meines heftig rötete.

Trotzdem wandten wir beide unsere Aufmerksamkeit sofort wieder dem Vortrag zu. Es war uns sehr bewusst, dass wir gerade dabei waren, etwas außerordentlich Wichtiges zu hören.

11. DAS GESETZ DES BEISPIELGEBENS

Das Plakat kündigte das Gesetz in leuchtend roten Buchstaben an:

KINDER TRAGEN IN IHREM UNTERBEWUSSTSEIN VIELE JAHRE DIE VERHALTENSMUSTER, DIE SIE BEI IHREN ELTERN BEOBACHTET HABEN.

Nach einem kurzen Schweigen fuhr der Direktor fort:
„Verstehen Sie das? Taten zählen tausendmal mehr als Worte. Deshalb ist es sinnlos, den Kindern ständig Predigten zu halten, weil sie wesentlich mehr beobachten als zuhören. Gebt ihnen ein vorbildhaftes und umfassendes Beispiel, und Worte zu ihrer Korrektur werden überflüssig. Von allem, was Sie ihren Kindern sagen, behalten diese ohnehin nur zehn Prozent. Jedoch wird sie neunzig Prozent von dem begleiten, was sie uns tun sehen. Unser Einfluss ergibt sich zu diesen Anteilen: zehn Prozent durch Worte und neunzig Prozent durch Taten."

Während der Schulleiter zu dem großen, beschrifteten Papierbogen zurückging, blieb ich in Gedanken über das, was er gerade gesagt hatte. Ich setzte es in Beziehung zu einer unangenehmen Erfahrung, die ich viele Jahre vorher im Alter von ungefähr sieben Jahren gemacht hatte. Ich überraschte den Religionslehrer, der mich auf die Erste Kommunion vorbereitete, beim Diebstahl der Almosen der Gläubigen. Von da an weigerte ich mich, in die Kirche zu gehen, und alles, was ich in mehreren Monaten durch Worte gelernt hatte, verlernte ich durch das Beobachten eines Beispiels innerhalb zweier Sekunden. Ich lehnte mich gegen alles auf, was man mir beigebracht hatte, und einige Tage danach wurde ich im Supermarkt beim Stehlen einer Tüte mit Süßigkeiten erwischt.

„Wollen Sie damit andeuten, dass Kinder wegen schlechter Beispiele, die ihnen vorgemacht wurden, niemals besser werden können als ihre Eltern?", fragte eine Dame mit Hochfrisur und auffälligem Make-up.
„Das Gesetz des Beispielgebens ist sehr klar", bestätigte der Vortragende. „Es bedeutet nicht, dass die Weiterentwicklung der Nachkommen unmöglich ist. Aber es besagt, dass sich bei ihnen beobachtete Handlungen einprägen, die sie über viele Jahre begleiten. Und das hat schwerwiegende Folgen. Es ist sicherlich so, dass sich fast alle Kinder im Vergleich zu ihren Eltern verbessern können, weil sie bewusst ihre Fehler aufdecken und sich fest vornehmen, sie niemals wieder zu begehen. Aber es ist genauso sicher, dass sie auf der Ebene des Unterbewusstseins die erhaltenen Beispiele

weiter latent mit sich tragen und diese „unausgedrückten" Informationen an ihr Temperament geben. Im Äußeren entfaltet sich das, was wir sein wollen, und im Innern das, was wir wirklich sind. Die Muster des Letzteren treten jedoch immer wieder unwillentlich zu Tage. Wenn Sie gute Beobachter sind, werden Sie sich selbst sicherlich schon dabei überrascht haben, dass Sie Dinge sagten oder taten, die bereits Ihre Eltern gesagt oder getan hatten. Und mit Sicherheit ist Ihnen des Öfteren der Unterschied aufgefallen zwischen ihrem Willen, etwas nicht tun zu wollen, und Ihrer Gewohnheit, es zu tun. Wir können diesem Gesetz nicht viel entgegenhalten:
Kinder tragen in ihrem Unterbewussten viele Jahre die Verhaltensmuster, die sie bei ihren Eltern beobachtet haben."

Der Satz schwebte in der Luft, mit nachdenklichen, aber verwirrten Schwingungen beladen. Wenn dieses erste Gesetz wirklich sicher wäre, welchen Nutzen hatte es für mich als Kind, es zu kennen, und welchen für die anwesenden Eltern? Es erschien mir mehr als Fluch denn als Richtlinie für die familiäre Weiterentwicklung. Direktor Yolza nahm Luft, um mit einer solchen Intensität fortzufahren, dass sich mir die Haut sträubte:
„Die große Herausforderung der Elternschaft, meine Damen und Herren, wenn Sie das verstehen, was ich gerade gesagt habe, **besteht nicht darin, dass wir unsere Kinder besser behandeln, sondern dass wir ihnen ein besseres Beispiel geben**. Und das einzig unfehlbare Rezept dazu ist unsere persönliche Weiterentwicklung. Nur wenn wir uns als Individuen verbessern, erweitern wir das Modell, das wir ihnen anbieten."
„Herr Yolza", sagte ein Mann mit dem Aussehen des typischen dominanten Vaters ohne allzu große Bildung. „Ich trinke nicht, gehe nicht mit anderen Frauen fremd, schlage weder meine Kinder noch meine Frau, bin fleißig und ehrlich, betrachte mich also als gutes Beispiel. Aber trotzdem sind meine Kinder schrecklich undankbar geworden."
„Perfekt, mein Herr", antwortete Yolza, ohne eine gewisse Verzweiflung verbergen zu können, „Sie halten sich für ein gutes Beispiel. Dann lassen Sie mich Ihnen sagen, dass die einfache Tatsache, sich als solches zu betrachten, beweist, dass Sie es nicht sind. Ein Vater, *der glaubt, alles richtig zu machen*, prägt seinen Kindern aufs tiefste das schädliche Muster der Arroganz ein. Und wundert sich, dass sie *unverständlicherweise* zu schlechten Menschen werden. Dass niemand den schweren Fehler begehe, sich für perfekt zu halten! Die Kinder solcher Menschen halten es in der Regel nicht für nötig, zu wachsen und sich zu verbessern. Und es gibt niemanden auf der Erde, der sich nicht verbessern könnte. Das ist entscheidend."

Der Mann sagte nichts, war aber sichtlich empört. Erst lachte ich innerlich über ihn, aber später tadelte ich mich deswegen.

„Ich halte mich nicht für perfekt", erklärte ein anderer Mann, „aber meine Kinder rebellieren gegen alles, was ich ihnen beibringe. Je mehr ich kämpfe, desto weniger sehe ich, dass sie sich verbessern."

„**Unterweisen, ohne Ergebnisse zu erwarten,** ist das Gesetz des guten Lehrers. Wenn Sie möchten, dass ihre Kinder lernen, dürfen sie nicht in jedem Moment von ihnen fordern zu zeigen, was sie können. Ein guter Vater lehrt, indem er richtiges Beispiel gibt, ohne augenblickliche Ergebnisse zu fordern. Sein Beispiel wird ganz sicher Wirkung zeigen, aber auf längere Sicht. **Ihre Aufgabe ist es nicht, die Ernte einzufahren, mein Herr, ihre Aufgabe ist es zu säen."**

Es herrschte völliges Schweigen. Der Schulleiter nutzte die Zeit, um aus seinen Materialien einen Stapel Blätter herauszunehmen, den er auf den Tisch legte.

„Dies wird Ihnen helfen zu verstehen, warum Ihre persönliche Weiterentwicklung so wichtig ist, bevor Sie Ihre Kinder zur Weiterentwicklung anregen können.

Es handelte sich um einen Text von Ignacio Larrañaga. Er hat mir so gut gefallen und so viel geholfen, dass ich ihn auswendig gelernt habe und später sogar das Werk des Autors näher untersuchte. Und es überrascht mich nicht, dass ich damit auf ein großes Feld der Weisheit und des Friedens gestoßen bin, das sich mit den Jahren immer mehr zu einem meiner sichersten und kraftvollsten Lebensführer entwickelte.

Möchtest Du helfen? Hilf erst einmal Dir selbst.
Nur die Geliebten lieben.
Nur die Freien bringen Freiheit.
Nur diejenigen können eine Quelle des Friedens sein, die mit sich selbst in Frieden sind.
Diejenigen, die leiden, lassen andere leiden.
Die Gescheiterten wollen auch andere scheitern sehen.
Die Gekränkten säen Gewalt.
Diejenigen, die in sich Konflikte tragen, erzeugen auch um sich herum Konflikte.
Diejenigen, die sich nicht selbst annehmen, können auch andere nicht annehmen.
Es ist verlorene Zeit und illusorisch, an deinesgleichen geben zu wollen, was du selbst nicht hast.
Du musst erst einmal mit dir selbst anfangen.
Du wirst dir nahestehende Menschen in dem Maße motivieren können, sich zu verwirklichen, in dem du selbst verwirklicht bist.
Wirklich lieben wirst du deinen Nächsten in dem Maße, in dem du dich und deine

Vergangenheit frohen Herzens akzeptierst und liebst.
„Du wirst deinen Nächsten lieben wie dich selbst", aber verliere nicht aus dem Blick, dass das Maß 'du selbst' bist."
Um anderen von Nutzen zu sein, bist du selbst das Wichtigste.
Sei du selbst glücklich, und deine Brüder werden sich mit Freude füllen.

Ignacio Larrañaga

Es war klar geworden, dass man, bevor man ein besserer Vater sein könnte, sich erst darum bemühen müsste, ein besserer Mensch zu sein. Das brachte interessante Überlegungen mit sich:
Die Anwesenden waren zu einem Kurs zur familiären Verbesserung gekommen, aber es würde ihnen in ihrer Elternschaft mit Sicherheit von größerem Nutzen sein, einen Kurs zur persönlichen Weiterentwicklung zu besuchen. Und konnte ein falsch unterwiesenes Kind keinerlei Hoffnung haben, sich verbessern zu können? Das Gesetz klang diesbezüglich sehr streng, und wir hatten einige Verständnisprobleme damit. Schließlich getraute sich einer der Väter von etwas gediegenerem Äußeren, einen Einwand vorzubringen:
„Etwas verstehe ich noch nicht: Wie kann sich ein Mensch, der in seiner Kindheit ein schlechtes Beispiel von seinen Eltern bekommen hat, verbessern, da doch sein ganzer verstandesmäßiger Wille überhaupt nicht hilft, wenn sein Unterbewussten in Aktion tritt?"
„Sehr gute Frage. Genauer gesagt ist dies ein so wichtiger Punkt, dass wir ihn detailliert beleuchten müssen."
Yolza drehte den riesigen Papierbogen auf der Rolle weiter, und es erschien ein Text in eleganten handgeschriebenen Buchstaben:

Um zum Kern erworbener Gewohnheiten vorzudringen und sie zu ändern, gibt es nur zwei Wege. Beide sind schwierig und mühsam, führen aber letztendlich zum Erfolg:

Erstens: die beständige Wiederholung.
Zweitens: die freiwillige Abgeschiedenheit.
Der Direktor erklärte. „Der erste Punkt bedeutet: Damit ein neues Verhalten sich in einen Teil von uns verwandeln kann und im Unterbewussten verankert wird, muss man mit ihm viele Male auf vielfältigste Weise experimentieren, es anschauen, hören, lesen und leben. So wirkt auch das Beispiel eines Vaters oder einer Mutter. Ihre wiederholten Handlungen beginnen, einen Teil der Persönlichkeit ihrer

Kinder zu bilden, ohne dass sich irgendeiner der Beteiligten darüber bewusst wäre." Yolza machte eine Pause in seiner Erklärung und nutzte sie, um zum Tisch zu gehen und etwas zu trinken. Das Schweigen im Saal war geladen mit Wissbegierde. Alle wollten mehr und mehr wissen.
Dann setzte er fort. „Zum zweiten Punkt: Der Erfolg, die unbewussten Modelle zu überwinden und von der Wurzel her zu verändern, hängt davon ab, wie oft sich ein Mensch zum Nachdenken zurückzieht, oder anders gesagt, in Einsamkeit in sein tiefstes Inneres einzudringen vermag. In diesen Bereich begeben wir uns, wenn wir meditieren und Ruhe in Verwirrungen bringen möchten, die wir weder beschreiben noch mit anderen zu teilen vermögen. Nicht einmal der allerengste Freund hat Zugang zu dieser Zone der Auseinandersetzung mit Zweifeln und Befürchtungen, der Abwägung von Vorschlägen zur Richtigstellung von Dingen, des Gebetes und der spirituellen Kämpfe. Nur in sie versunken kann die Seele des Menschen wachsen. Um sich jedoch dorthin begeben zu können, braucht er die *freiwillige Abgeschiedenheit*. Seine Angehörigen müssen diese unbedingt respektieren, da sonst die Beziehung schwerwiegend beschädigt wird.
Stellen Sie sich zum besseren Verständnis einen schrecklich wütenden Vater vor. Ohne es kontrollieren zu können, treten seine unterbewussten Modelle in Aktion: Er erzürnt sich über irgendetwas, wird aggressiv und droht voller Wut. Anschließend will er nichts lieber als sich irgendwohin zurückziehen, möglichst weit weg von allen anderen menschlichen Wesen. In dieser freiwilligen Verbannung beginnt sein innerer Kampf. Er weiß, dass er Schlechtes getan hat, aber er konnte sich einfach nicht beherrschen. Außerdem hatte er Gründe, sich zu ärgern. Was ihn allerdings quält, ist, auf solche Weise geschrien zu haben. Dieser Kampf zur Wiedererlangung des inneren Friedens muss alleine geführt werden, *ALLEINE!*, prägen Sie sich das gut ein! Häufig nämlich dringen Familienangehörige in diesen Raum der Intimität ein, indem sie sich zu der abgeschiedenen Person begeben, um mit ihr zu reden, den Streit zu bereinigen und oft sogar noch, um mit ihr weiterzudiskutieren. Typischerweise kommt zu der vorangehenden Verärgerung nun auch noch die Wut dazu, nicht einmal alleine sein zu dürfen, und ein eigentlich kleines Problem verschlimmert sich mit Sätzen wie „Lasst mich in Frieden!", „Geht mir aus den Augen!", „Mich ekelt das an!", „Ich will dich nicht sehen!" oder „Mach, dass du wegkommst!" Den Bereich der Intimität eines verärgerten Menschen oder eines Menschen, der sich einfach in Kontemplation seiner Gedanken befindet, zu entweihen, ist der schlimmste Fehler, den man begehen kann. Oft steigert sich der Zorn einer durch eine solche Handlung gekränkten Person bis hin zum Zerbrechen von Dingen, Heulen und Verlassen des Hauses. Die

Selbstbeobachtung eines unserer Familienmitglieder ist etwas, das geduldig und mit Wohlgefallen respektiert werden muss, weil sie ein Teil des Prozesses seiner Weiterentwicklung ist."
Der Direktor hielt inne, um in seinen Aufzeichnungen nachzuschauen und schloss mit den Worten:

„Der Weg zur Veränderung von Gewohnheiten und zur Überwindung von Verhaltensmustern, die sich durch schlechtes Beispiel der Eltern eingeprägt haben, geschieht *erstens durch die beständige Wiederholung der Wahrheiten der Liebe und zweitens durch die Auseinandersetzung mit sich selbst in intimer Einsamkeit.* Beide Prozesse erfordern jedoch Disziplin, was den Weg entscheidend erschwert. Wenn sie diese Schwierigkeit besiegen, stehen Ihnen die beiden einzigen sicheren Verfahren zur Verfügung, sich als Person zu verbessern und damit die Verhaltensmuster zu ändern, die sie Ihren Kindern geben. Vergessen Sie niemals, dass Kinder alles aufmerksam beobachten und schweigend registrieren. Auf den Schultern der Eltern ruht die äußerst schwere Verantwortung, täglich von diesen aufnahmefähigen, lernbegierigen Wesen beobachtet zu werden."

Niemand sagte etwas oder hatte einen Einwand. Die Ausführungen waren sehr klar gewesen. Und es war gut, diese Dinge zu wissen, wobei sie gleichzeitig auch Angst machten. Ich dachte an die Gesetze von Newton, Boyle, Pascal und vielen anderen Wissenschaftlern, deren Schlussfolgerungen wir in der Schule hatten lernen müssen. Was nützten *akademische Gesetze*, wenn wir nicht einmal im Entferntesten die Gesetze kannten, wie wir *besser leben* konnten?

Der Direktor kündigte zehn Minuten Pause an. Die Leute begannen aufzustehen. Ich blieb sitzen.
„Willst du mich nicht begrüßen?"
Als ich die Stimme meiner geliebten Freundin Sahian erkannte, drehte ich mich augenblicklich um. Sie war hübscher als je zuvor. Ich erhob mich von meinem Stuhl, um ihr die Hand entgegenzustrecken, aber sie kam ohne Scheu näher und gab mir einen Kuss auf die Wange.
„Wie schön, dass du gekommen bist. Wie haben sie dir erlaubt, daran teilnehmen zu dürfen?"
„Ich habe den Direktor um Erlaubnis gebeten. Und wie hast du es gemacht?"
„Genau so. Es war nicht leicht."
„Sahian, begleitest du mich zum Telefon?"

Ich musste herausfinden, was mit meinen Eltern zu Hause los war, und darauf drängen, dass sie in der Schule vorbeikämen.
Aber noch viel dringender musste ich wissen, ob Saúl zurückgekommen und wie er empfangen worden war.
„Klar", antwortete sie mir und schaute mich fest mit ihren schönen grauen Augen an.
Anstatt meine Mappe auf dem Tisch liegen zu lassen, als ob sie meine eigene wäre, klemmte ich sie mir unter den Arm und nahm sie mit.
Wir nahmen uns an der Hand und liefen die Treppe hinunter, unaufhörlich redend und lachend.
Nachdem ich gewählt hatte, hörte ich den Klingelton, bis er automatisch unterbrochen wurde. Es war unnütz, es noch einmal zu versuchen. Bei mir zu Hause war niemand. Ich rieb mir das Gesicht, einen Laut der Sorge ausatmend. Meine süße Freundin schaute mich verwundert an:
„Ist etwas Schlimmes passiert?"
„Ich weiß nicht."
Ohne die Sekretärin nochmals um Erlaubnis zu bitten, nahm ich erneut den Apparat und wählte die Nummer meiner Tante Lucy. Wenn sich irgendetwas von Bedeutung in meiner Familie ereignet hätte, wäre die Schwester meiner Mutter sicherlich informiert. Sie waren enge Vertraute. Meine Tante nahm fast augenblicklich den Telefonhörer ab. Ihre Stimme erschien mir äußerst kühl und schneidend zu sein, als wäre sie stark verärgert oder besorgt.
„Tante, hier ist Gerardo. Was ist mit meinen Eltern?"
Sie antwortete nicht.
„Tante, hörst du mich?"
„Weißt du es noch nicht?"
„Nein. Was ist passiert?"
Sie wich meiner Frage aus, indem sie mir eine andere stellte.
„Wo bist du?"
Es gibt Gelegenheiten, bei denen die Nachricht, die du durch das Telefon bekommst, so verworren ist, dass du dir den Fortschritt der Technik herbeisehnst, dich blitzschnell ans andere Ende der Leitung bewegen und im Gesicht deines Gesprächspartners sehen zu können, was er dir sagen oder nicht sagen will.
„In der Schule."
„Bleib, wo du bist! Ich werde mich mit deinen Eltern treffen und ihnen sagen, dass sie zu dir kommen sollen. Warte auf sie!" Und sie hängte ein.

Auf welchem Trip befand ich mich gerade? Ich hielt den Hörer noch einige Sekunden in der Hand und lauschte dem Abbruchton. Dann wählte ich,

von einer unkontrollierbaren Befürchtung ergriffen, die in die Hände und besonders in die Finger ausstrahlte, die Nummer des Krankenhauses von Papa.
„Würden Sie mich bitte mit Doktor Hernández verbinden?"
„Er ist heute nicht zur Arbeit gekommen."
„Nein ... ? Danke."
Ich senkte den Kopf und versuchte die Kontrolle über meine rasenden Gedanken wiederzugewinnen.
Sahian schaute mich verständnislos an:
„Gibt es Probleme?"
„Ich weiß es nicht ..."
Durch meinen Verstand schossen tausend unheilvolle Möglichkeiten wie Blitze. Ich schüttelte verneinend den Kopf:
„Nein, es gibt keine."
Was erreichte ich damit, dass ich mir Sorgen machte? Zu Hause konnten die Konflikte auch nicht schlimmer sein, als sie es bereits waren. Also, wozu mich quälen und womöglich mir und auch Sahian das Seminar verderben?

Wir nahmen uns wieder bei der Hand und stiegen die Treppe hinauf. Sehr langsam, ohne zu reden und zu lachen.

12. DAS GESETZ DER BEDINGUNGSLOSEN LIEBE

Auf der Papierrolle war in Großbuchstaben der Text des zweiten Gesetzes geschrieben:

DIE EINZIGE ENERGIE, DIE EIN HEIM UND ALLE SEINE MITGLIEDER WIRKLICH STÄRKT, IST DIE LIEBE OHNE BEDINGUNGEN.

(Diese lebensspendende Kraft muss vom Wesen der ehelichen Gemeinschaft ausgehen.)

Als Sahian und ich den Raum betraten, hatte Yolza bereits mit der Erklärung begonnen. Dennoch war er noch nicht dabei, über das eigentliche Gesetz zu sprechen, sondern über den kleinen Spruch, der unterhalb des zu Erläuternden stand.
„Das Wichtigste in der Familie sind die Ehepartner", erklärte gerade der Vortragende. "Und reißen Sie sich aus Ihrem Kopf die vereinfachte Idee heraus, das Allerwichtigste seien Ihre Kinder. Das ist eine Lüge, und es ist außerdem eine tödliche Falle. Obwohl es widersprüchlich zu sein scheint, bringen die Eltern, welche die Fahne *"Unsere Kinder sind unser Ein und Alles"* vor sich hertragen, ihre Familie mit Sicherheit zum Scheitern. Dies ist der größte Fehler, den man überhaupt begehen kann, eingeschlossen die Erwachsenen, die sich in Kindererziehung ausgebildet glauben. Den Ehepartner zu vernachlässigen aus Sorge um die Kinder, wirkt wie ein langsames, aber sicheres Gift, das am Ende alle Mitglieder dieses Heimes verderben wird. Merken Sie sich das sehr gut! Wenn Sie vor der Alternative stehen sollten, Ihre Kinder oder Ihren Ehepartner vernachlässigen zu müssen, zögern Sie keine Sekunde: Vernachlässigen Sie Ihre Kinder! Wenn diese die gegenseitige Liebe ihrer Eltern spüren, dann sind sie nicht vernachlässigt, sondern haben ein warmes Nest, in das sie sich wie die Küken zusammenkuscheln können. Meine Damen und Herren, prägen Sie sich das ein: **Wenn die bedingungslose Liebe in der Ehe gepflegt wird, wird es den Kindern gut gehen, selbst wenn Sie keine großen Anstrengungen unternehmen, sie zu erziehen.** Die eheliche Gemeinschaft ist die beste Erziehung. Die Kinder, die sie erleben, kommen nicht von ihrem Weg ab, sie gehen ihn vernünftig und einfühlsam und werden so ihrerseits zu Quellen der Liebe und früher oder später mit Freude ihre eigene Familie gründen. Im Gegensatz dazu infizieren sich die Kinder von Ehepaaren, die sich in ständigem Streit befinden, mit Misstrauen und Unsicherheit und werden häufig zu Anstiftern von gesellschaftlichen Deformationen wie Ausübung freier Liebe und

fleischlicher Gelüste. Oft suchen sie Zärtlichkeit in der Täuschung, Wärme in sexueller Lust und verschieben die Ehe, so lange es ihnen irgendwie möglich scheint."

„Herr Schulleiter", unterbrach ihn eine Frau, die alleine da war. „Warum sollte ich mich bevorzugt um meinen Partner kümmern, der ein Erwachsener ist, anstatt um meine Kinder, die klein sind? Das ist doch nicht logisch."

„Meine Dame, verbannen Sie diese Idee aus ihrem Kopf, oder Ihre Familie wird nie glücklich werden. Sie haben sich mit Ihrem Ehemann vereinigt, bevor Sie Kinder hatten, und wenn Ihre Kinder einmal das Haus verlassen, werden Sie mit ihm vereinigt bleiben. Das Versprechen, das Sie vor dem Altar gegeben haben, schließt die Verpflichtung mit ein, für Ihren Ehemann einzustehen und ihn zu lieben **vor jedweder anderen Person!** Die allererste Zuwendung auf dieser Erde gilt für jeden gesunden Erwachsenen seinem Partner. Vor allem anderen kämpft er um ihn. Seinen Partner zu schützen, zu respektieren, zu akzeptieren und zu lieben, unabhängig von seinen Fehlern, ist eine so mächtige Triebkraft, dass sie die konfliktreichsten Heime vor dem Abgrund bewahren kann.

„Ich lebe getrennt", gestand ein äußerst junger Mann, „weil sich meine Frau und meine Mutter niemals verstanden haben. Sie waren dermaßen verschieden, dass ich mich entscheiden musste. Es gibt schließlich nur eine einzige Mutter, aber Tausende von Frauen. Sie werden mir doch jetzt nicht sagen, ich hätte etwas falsch gemacht, oder?"

Tadeo Yolza betrachtete den Mann mit einem Ausdruck ernster Besorgtheit, bevor er antwortete:

„Ich befürchte allerdings, Ihnen das sagen zu müssen. Wenn Sie ihre Mutter lieben und verteidigen, vollbringen Sie keine große Heldentat. Es ist das Normalste auf der Welt. Selbst die schlimmsten Individuen dieser Gesellschaft würden das machen. Die Liebe zu seiner Mutter fühlt man natürlicherweise, und sie ist sehr mächtig, ganz sicherlich. Sie werden sie unter allen Umständen lieben. Aber ein reifer Mensch beschränkt sich nicht darauf zu fühlen, was ihm sein Instinkt vorschreibt, sondern benutzt seinen Verstand und stellt sich der Herausforderung, seinen Ehepartner **lieben zu lernen**. Weil die eheliche Liebe nicht angeboren ist wie die des Sohnes und der Tochter zu ihrer Mutter. Um eine Ehe zum Erfolg zu bringen, muss man sich vielfältig bemühen und zu wahrhafter Anstrengung bereit sein, zu tiefem Engagement und zu enormen Opfern, um gegen Wind und Gezeiten bestehen zu können. Die eheliche Liebe wird einem nicht einfach so gegeben. Man lernt sie mit Tränen, pflegt sie unter Zweifeln, sieht sie wachsen zu einem teuren Preis. Aber die Belohnung ist die größte Wohltat, die ein Mensch erreichen kann. Falls Ihre Frau und Ihre

Mutter getrennte Wege gehen, müssen Sie selbstverständlich an der Seite Ihrer Frau bleiben. Es ist nicht leicht, aber hören Sie mir gut zu: Nur wenn Sie das schaffen, werden Sie aufhören, ein Kind zu sein.

Der Mann kratzte sich an seinem Kinn, eher mit einem Ausdruck der Belästigung als der Besinnung. Man hatte ihn schließlich ganz deutlich als Kind eingeordnet.

„Wollen Sie damit sagen, dass uns unsere Eltern keine Ratschläge mehr geben können, nur weil wir uns verheiratet haben?", insistierte er.

„Ratschläge ja, aber keine Anordnungen. Wenn Sie einmal verheiratet sind, haben Sie keine Verpflichtung mehr, ihnen zu gehorchen, und diese haben kein Recht mehr, Ihnen Anordnungen zu geben, umso weniger, wenn sie damit Ihr Eheleben beeinflussen. Der Spruch, der sagt: „Der Mann verlasse seinen Vater und seine Mutter, um sich mit seiner Frau zu vereinen" meint nicht, sie physisch oder gefühlsmäßig zu verlassen, sondern sich *vollständig* von ihnen unabhängig zu machen in seinem Handeln und seinen Entscheidungen."

„Ich habe da meine Zweifel", erklärte erneut die einzelne Dame, zwischen Glauben und Unglauben hin und her gerissen und mit einem Ausdruck anhaltender Unzufriedenheit. „Mein Mann ist brummig, vulgär und dumm, und er kümmert sich recht wenig um mich. Gestern Nacht fühlte sich unser jüngster Sohn krank, also habe ich es als meine Aufgabe angesehen, bei ihm zu sein, selbst wenn sich mein Mann sein Abendessen selbst machen musste. Das war doch richtig?"

„Das war völlig falsch!

Erstens: Sie stellen Ihre Frage, *so nebenbei* bemerkend, wie brummig und vulgär ihr Mann sei. Sie müssen es unbedingt vermeiden, schlecht von ihm zu reden, ob er anwesend ist oder nicht. Machen Sie sich mit der Idee vertraut, dass Sie sich selbst erniedrigen, indem Sie ihn erniedrigen. Von einer Frau, die sich über ihren Ehemann beschwert, denken alle im Geheimen: *„Arme Dummköpfin, sie hat, was sie verdient."* Wenn Ihnen seine Schwächen nicht gefallen, helfen Sie ihm im Privaten, aber machen Sie ihn niemals vor anderen schlecht.

Zweitens: Kinder sind egoistisch, und häufig übertreiben sie ihre Leiden, damit man ihnen Aufmerksamkeit schenkt. Selbst wenn also der kleine Komödiant die Wahrheit gesagt hätte, wie er sein Weh wirklich empfindet, wenn sein Leben nicht gerade in Gefahr ist, müssen Sie sich zuerst um seinen Vater kümmern. Langfristig gesehen tut es den Kindern besser zu erleben, wie sich ihre Eltern umarmen, als wenn sie selbst von ihnen umarmt werden. **Das größte Geschenk, das sie ihnen jemals geben können, ist die Beobachtung und das Erleben ihrer gegenseitigen bedingungslosen Liebe.**

„Einen Augenblick mal", verteidigte sich die Frau mit der Angriffslust eines verletzten Raubtieres, „selbst wenn Sie mir sagen, ich solle nicht schlecht von ihm reden. Wie soll ich meinen Mann auf die Art, die Sie geschildert haben, lieben, wenn er mich stets mit Gleichgültigkeit behandelt, wenn er unaufmerksam ist und die Dinge, um die ich ihn bitte, nicht befolgt?"
„Kennen Sie den Schlüssel zu einer guten Ehe?"
Yolza atmete schneller und wirkte verärgert.
„Ich werde es Ihnen sagen." Er sprach mit fest ausgerichtetem Blick und dem Ausdruck festester Überzeugung.
„**Lassen Sie es sein, als Recht einzufordern, was Sie nur als Gefallen erbitten können!**"
Die Dame lachte laut auf und erhob sich theatralisch.
„Wirklich? Sagen Sie das meinem Mann. Mir haben sie das von klein auf beigebracht. Ihm nicht!"
Tadeo Yolza wölbte verwundert die Brauen, mehr wegen ihres Gelächters als wegen der ironischen Antwort. Er legte langsam seine Papiere auf den Schreibtisch und ging direkt auf die Frau zu.
„Sie können sich so viel belustigen, wie Sie wollen. Aber ich bin mir sicher, dass Ihr Ehemann Gründe haben wird, sich so zu benehmen, wie er es macht. **Eine überhebliche und autoritäre Frau ist schlimmer für das Heim als eine Schlange.** Nur eine Frau, die die grundlegendsten Regeln der Ehe nicht gelernt hat, kann sagen, ihr Mann gewähre ihr nicht das, um was sie ihn bittet. **Eine intelligente Lebensgefährtin behauptet sich, indem sie die einzig wirksame Methode benutzt: Umwerben, Liebe, Zärtlichkeit.** Was glauben Sie, warum viele Männer irgendwann ihren Frauen untreu werden? Weil sie lüsterne, degenerierte Monster sind? Nein, meine Dame. Ein Mann sucht äußerst selten *Sex* außerhalb des Hauses. Das, was er sucht, ist **Verständnis, Zärtlichkeit, Frieden**. Verstehen Sie das? Etwas, das Sie ihm in Hülle und Fülle geben können, wenn Sie es ihm wirklich anbieten wollten."
Yolza beendete seine Worte nur wenige Zentimeter von der Frau entfernt, die sich mit weit aufgerissenen Augen wieder hingesetzt hatte. Ich lächelte, mich an eine ähnliche Situation erinnernd, als es um das Thema der Eltern im Klassenzimmer ging.
Als er sich etwas beruhigt hatte, drehte sich der Schulleiter um und kehrte an seinen Platz zurück, von wo aus er weiter mit der Frau sprach:
„Wenn Sie überzeugen, lenken oder anordnen wollen, machen Sie das niemals fordernd. In der Familie sollte man die *bedingungslose Liebe* pflegen, angefangen beim Ehepaar. Und darüber brauchen wir nicht weiter zu diskutieren."

„Was bedeutet es denn genau, *ohne Bedingungen*?", fragte ein beleibter Herr mit tiefer Stimme.
„Es gibt drei Ebenen der Zuneigung:
Die erste ist die geläufigste und unterste, sie nennt sich
„Liebe, wenn... ": Ich liebe dich, *wenn* du gut bist, *wenn* du dich mit mir verträgst, *wenn* du meine Wünsche befolgst, *wenn* du tust, was mir gefällt, usw.
Das zweite Niveau, zu dem man im Allgemeinen gelangt, ist das, welches man *„Liebe, weil ..."* nennt: Ich liebe dich, *weil* du gute Gefühle hast, *weil* du dich anstrengst, *weil* du gute Noten bekommen hast, *weil* du ehrlich bist, usw.
Aber keine dieser beiden Formen der Liebe ist wahrhaftig. Beide beruhen auf Bedingungen, und aus diesen Bedingungen spricht sehr deutlich eine Botschaft: „Du musst dir meine Zärtlichkeit mit Handlungen verdienen, die mich zufrieden stellen. Vergiss nie, dass ich dich umso mehr liebe, je mehr du mir gleichst." Das ist jedoch keine Liebe, sondern egoistischer Tauschhandel, bei dem wir immer der Gewinner sein wollen.
Die einzige und wahrhaftige Liebe ist die dritte Ebene, die zwischen allen Mitgliedern einer Familie wirken sollte, so gesagt: „Ich liebe dich **trotz deiner Fehler und Schwächen.**" Das soll nicht bedeuten, dass Mängel gutgeheißen werden. Wir können das Übel ablehnen und trotzdem denjenigen lieben, der es begangen hat."
„Das, was Sie sagen, ist utopisch. Wie können wir ein bösartiges Kind genauso lieben wie ein verantwortungsbewusstes?"
„Verzeihen Sie, mein Herr, aber wenn Sie ein bösartiges Kind haben, liegt es genau daran, dass Sie ihm ausschließlich bedingte Liebe gegeben haben. Und glauben Sie mir, diese Art von *Liebe* ist auf längere Sicht so wertlos, dass es am Ende den Kindern nichts bedeutet, sie zu verlieren, und sie undankbar und verschlagen werden."
„Einverstanden", gab eine Frau zu, „aber ist es nicht noch schädlicher, den Kindern immer liebendes Gefühl zu zeigen, indem wir ihnen erlauben, alles zu tun, wozu sie Lust haben?"
„Niemand sagte *erlauben*. Die bedingungslose Liebe muss unbedingt eine intelligente Liebe sein. Natürlich müssen Sie schlechte Handlungen verbieten, einschließlich des Ablehnens von Fehlern, des Sich-Ärgerns und des Zeigens Ihrer ganzen Abneigung gegen Bösartigkeit. Aber wenn Sie sich über irgendeine verwerfliche Tat ärgern, ärgern Sie sich nicht über Ihr Kind, sondern über dessen *Tat*. Sie müssen lernen, Ihr Kind von seinen Handlungen zu unterscheiden. Sie können viele Dinge vortäuschen, aber würden Sie von Ihrem Herzen her einer geliebten Person tatsächlich den Rücken zukehren, nur weil sie einen Fehler begangen hat? Wenn Sie das

machen, hat Ihre Liebe überhaupt keinen Wert. Es gibt das klassische Beispiel des Vaters, der seine Tochter demütigt, verletzt und jahrelang kein Wort mit ihr spricht, nur weil sie von einem gerissenen Typ verführt und geschwängert wurde. Es gibt kein unnatürlicheres und absurderes Verhalten. Der Vater leidet mehr oder zumindest gleich viel wie seine Tochter. Die Fehler unserer Kinder schmerzen uns nur deshalb so arg, weil wir sie sehr mögen. Wenn wir sie nicht so sehr lieben würden, würden wir uns nicht so schlecht fühlen, wenn sie Irrtümer begehen. Also, warum sagen wir ihnen das nicht genau so? Warum tun wir so, als seien wir beleidigt, wenn doch der einzige durch seine Fehler Geschädigte das Kind selbst ist? Seien Sie aufrichtig und zeigen Sie ihre Zärtlichkeit offen, aber vermeiden Sie dabei Überbeschütztheit. Sie sollten nicht ausschließlich wegen Ihrer Kinder leben. **Man muss *Intelligenz* anwenden, um ihnen Liebe zu zeigen, aber sie ebenso manchmal wegen ihrer schlechten Handlungen leiden lassen. Lassen Sie solche niemals zu und ersparen Sie ihnen keine bittere Erfahrungen, denn das wäre die Liebe, die wir für sie empfinden, auf eine äußerst dumme Art gelebt. Die Kinder müssen wissen, dass wir ihre Fehler missbilligen, aber dass wir sie mögen - *trotz* ihrer Fehltritte.** Seien Sie sich dessen völlig bewusst, dass jeder Mensch lediglich die Ernte seiner Handlungen einfährt und er die Früchte essen muss, die er ausgesät hat. Die Liebe zwischen Ehepartnern und zwischen Eltern und Kindern darf sich nicht messen an Geschicklichkeiten und Fehlern. Helfen wir unseren Familienangehörigen, indem wir sie zur Weiterentwicklung motivieren und zum Wiederaufstehen nach einem Sturz. Unterstützen wir sie, indem wir sie umarmen und sie wissen lassen, dass wir sie mögen wie sie sind, und dass die Sünden, die sie begehen, einzig und allein ihnen selbst zum Schaden gereichen. Das ist bedingungslose Liebe."
Es gab niemanden, der die Ruhe der nun entstehenden Pause entweihen wollte. Die Teilnehmer waren von intensiven Gefühlen ergriffen worden. Man konnte sich leicht vorstellen, wie wunderbar es wäre, diese Art Beziehung in seinem eigenen Heim zu haben, aber existierte, außer dass es *wunderbar* wäre, auch ein anderer, mehr praktischer Grund?
Der Schulleiter hatte eine so feine Wahrnehmung, dass er die Frage aufgriff, bevor sie irgendjemand gestellt hatte.
„*Ganz konkret*, diese Art zu leben hebt das Selbstwertgefühl der Kinder auf ein ganz außergewöhnliches Niveau. Das Selbstwertgefühl ist die direkte Ursache für den Erfolg oder das Scheitern eines Menschen. Es hat Ihre Kinder zu dem Glauben über sich selbst gebracht, wer sie sind und früher oder später sein werden. Wenn Sie sie häufig als dumm, unfähig, faul, hässlich, pummelig, dick oder Ähnliches bezeichneten, haben Sie ihr

Selbstwertgefühl mit genau diesen Elementen geformt. Ein erfolgreicher Mensch hat ursprünglich keine andere Physis als ein Bettler. Er unterscheidet sich allerdings von ihm in seinem Blick, in seiner Körperhaltung, seinem Schritt, dem Klang seiner Stimme. Jeder im Einklang mit seinem Selbstwertgefühl. Wenn Sie Ihre Kinder erniedrigende Bemerkungen über sich selbst machen hören bezüglich ihrer sozialen Stellung, ihrer körperlichen oder intellektuellen Möglichkeiten, ihres fehlenden Glückes usw., ist das ein ganz klares Zeichen, dass die Information darüber, die sie von Ihnen bekommen haben, das Ergebnis von Liebe mit Bedingungen ist. Sie haben tief verinnerlicht, wie schlecht sie sind und dass sie es deshalb nicht wert sind, geliebt zu werden."

Er machte eine Pause, um die Kraft seines Ausdrucks zu mäßigen und fuhr auf weniger heftige Weise fort:

„Man hat in Gruppen von jugendlichen Waisen festgestellt, dass ein Teil von ihnen eine ganz offensichtliche Neigung zu Drogen und Verbrechen besitzt, während ein anderer Teil das nicht hat. Nach detaillierten Studien kam man zu dem Ergebnis, dass die bösartig gewordenen in ihrer Kindheit gleichbleibend Liebe und Akzeptanz entbehrten, während die rechtschaffenen und geistig gesunden Waisen, obwohl auch ihnen ein Heim fehlte, vorher ein gewisses Maß an Akzeptanz und bedingungsloser Liebe erfahren hatten. So gering es auch war, es hatte genügt, ihnen ein Selbstwertgefühl zu geben, das sie davor bewahrte, ins Verderben zu stürzen."

Erneut war ein Hauch von Nachdenklichkeit unter den Anwesenden erwacht. Mit fortschreitender Zeit war auch ich immer mehr durch den Vortrag gefesselt worden. Yolza war guter Redner.

Plötzlich, ohne dass ich es kontrollieren konnte, befiel mich eine große Sorge um meine Familie. Wie war es dazu gekommen, dass lediglich ich, der *Schinken des Sandwiches*, bei dieser Veranstaltung anwesend war? Müsste ich meinen Eltern vermitteln, was ich gerade lernte? Ich schüttelte verneinend den Kopf. Wie konnte ich ihnen sagen, dass sie uns durch das Beispiel ihrer Handlungen unbeabsichtigt einen schlechten Weg aufzeigten und ihre Schelten und Ratschläge quasi überhaupt keinen Nutzen hatten? Wie ihnen erklären, dass wir uns wenig geliebt fühlten und manchmal fast von ihnen abgelehnt, wenn wir Dinge falsch machten? Wie mit ihnen über die Notwendigkeit sprechen, zu lernen, uns gegenseitig Liebe ohne Bedingungen zu geben? Wie ihnen gegenüber die Notwendigkeit ausdrücken, dass die Zutaten dieses neuen Gerichtes lediglich dann ein gutes Ergebnis ergaben, wenn sie mit der Wärme ihrer gegenseitigen Liebe als Mann und Frau gekocht würden? Nein! Ich wäre nicht fähig, ihnen das zu erklären.

Und selbst wenn ich es könnte, würden sie mich sicherlich nicht ernst nehmen.
Ich schaute auf die Uhr: Falls es mir gelänge, sie jetzt ausfindig zu machen, könnten sie immer noch an der Konferenz teilnehmen und das lernen, was ihnen von all den Dingen fehlte.
Da die Abhandlung des zweiten Gesetzes abgeschlossen war, begannen die Helfer, Kaffee anzubieten, und der Schulleiter ordnete sein Material für das dritte Gesetz.
Ich stand auf, vergaß dieses Mal, meine Mappe mitzunehmen, und ging zum Platz von Sahian.
„Begleitest du mich noch einmal zum Telefon?"
„Klar."
Wir gingen hinunter. Während ich den Hörer hielt, wählte sie. Es war zwecklos. Bei mir zu Hause war offenbar niemand angekommen. Wenig zartfühlend nahm ich ihr das Telefon aus der Hand und wählte selbst, diesmal die Nummer des Krankenhauses von Papa. Aber ich hielt inne und hängte wieder ein.
„Ich muss gehen", entschied ich.
„Wirst du wiederkommen?"
Eine schlechte Vorahnung überzog mein Herz, während wir miteinander sprechend, die Schule verließen.
„Ich weiß es nicht."
„Soll ich hier auf dich warten?"
„Nein. Du gehst besser in den Saal zurück."
„Wirst du klarkommen?"
„Ja, mach dir keine Sorgen."
Weiter miteinander redend ging ich auf dem Bürgersteig in Richtung unseres Hauses, Sahian folgte mir. Plötzlich rannte ich verzweifelt los, sie ohne Abschied alleine zurücklassend, ergriffen von einer unbegreiflichen Furcht. Der Weg, den ich Tausende von Malen gelaufen war, erschien mir unendlich lang.

Viele Jahre später gestand mir Sahian, dass sie an diesem Nachmittag, als sie mich so voller Besorgnis um meine Familie davonlaufen sah, zum ersten Mal fühlte, dass sie mich liebte.

Ich erreichte keuchend unser Haus. Alle Lichter waren ausgeschaltet, so dass ich mich nicht mit Klopfen aufhielt. Ich sprang über den Zaun, überquerte den Hof und kletterte am Gesims unseres Badezimmers hoch. Dort befand sich ein Drehfenster, durch das ich ins Haus gelangen konnte, wie ich es bereits bei anderen Gelegenheiten gemacht hatte, wenn ich aus

Bösartigkeit zu spät heimgekommen war, nur um meinen Vater zu ärgern. Schon bevor ich meinen Körper durch den Spalt des Dachfensters hineingleiten ließ, hatte ich den Eindruck starker negativer Schwingungen. Geschickt ließ ich mich dicht neben die Badewanne fallen. Nun schien es mir, als würde ich einen ranzigen Geruch wahrnehmen und kalte Luft verspüren. Ich bekam eine Gänsehaut, und meine Handflächen schwitzten stark.
Ich schaltete das Licht im Bad ein und untersuchte genauestens die Einrichtungen. Alles war in Ordnung. Es kostete mich Überwindung, die Tür zu öffnen. Leise und beklommen machte ich sie auf, in der Furcht, gleich auf etwas äußerst Unangenehmes zu stoßen. Ich hatte mich nicht getäuscht. Kaum hatte ich einen Fuß in den Raum gesetzt, wäre ich fast augenblicklich wieder zurückgesprungen. Es herrschte ein ungeheuerliches Durcheinander. Im Arbeitszimmer schien es, als wären die riesigen Bücherwände mit Gewalt auf den Boden geworfen worden, die Bücher waren in alle Richtungen verstreut, es gab zerbrochenes Glas. Großer Gott! Das hier Vorgefallene war keine einfache Diskussion gewesen. Vielleicht eine Prügelei? Oder ein Raub? Vielleicht ein äußerst heftiges Aufeinandertreffen zwischen meinem Bruder und meinem Vater.
Ich ging zwischen den Resten von Porzellanfiguren, Papieren und Schallplatten umher. Als ich ein Glasstück des zerbrochenen Fensters aufhob, entdeckte ich offensichtliche Spuren von Blut.
Allmählich verlor ich mein inneres Gleichgewicht. Ich hob die Hände zum Kopf und begann zu weinen. Was war nur passiert? Oh, mein Gott!
Irgendetwas musste ich unternehmen, aber was? Ich wollte eine Bücherwand anheben, in der normalerweise die Telefonbücher aufbewahrt wurden, um die Nummer von irgendjemand Bekanntem zu suchen, ihn anzurufen und um Rat zu fragen, aber ich konnte nicht: Sie war einfach zu schwer. Außerdem, welche Bekannte? Meine Tante Lucy war die einzige in Frage kommende.
Ich sprang heftig auf. Die Schule! Meine Tante hatte mir gesagt, ich solle mich nicht von dort fortbewegen. Wenn meine Eltern dort einträfen, um mich zu suchen, konnte ich mir nicht den Luxus erlauben, abwesend zu sein.
Ich versuchte meine Bestürzung in den Griff zu bekommen, und mit der Schnelligkeit eines Einbrechers stieg ich am Waschbecken und der Dusche hinauf, um dort wieder hinauszugelangen, wo ich eingestiegen war.
Der Hund der Nachbarn heulte auf und drehte sich wie verstört um sich selbst, als er mich am Gesims des Hauses hängen sah.

Der Alptraum hatte begonnen.

13. DAS GESETZ DER REGELN DER DISZIPLIN

Ich erreichte die Schule und blieb in der Eingangstüre stehen, von einer Seite zur anderen schauend. Jedes Fahrzeug, das auf der Straße herankam, schien mir das meiner Eltern zu sein, und mein Herz schlug heftig. Innerhalb kürzester Zeit verdunkelte sich der Himmel, und eindrucksvolle elektrische Entladungen begannen, den Raum zu durchfurchen. Als der Regen anfing und mir auf den Kopf prasselte, blieb ich einfach draußen. Ich nahm auf einer Bank Platz, ließ mich nass werden und lauschte dem Kreisen meiner Gedanken. Ich grübelte mit einer gewissen Melancholie - so, wie das wohl arme Teufel machten, die einen Prozess verloren hatten - , zuerst etwas distanziert über das Unglück meines älteren Bruders, dann voller Besorgnis über den Überfall, der sich offenbar in unserem Haus ereignet hatte, und später tief versunken in Überlegungen, wie die Situation unserer Familie verbessert werden könnte. Es war eine Lethargie ähnlich dem Schlaf des Eutychus aus dem Kapitel 20 der Apostelgeschichte. Ich weiß nicht, wie lange ich in dieser Position verharrte, ich erinnere mich lediglich, dass ich zu frieren begann und, fast zu einer Suppe geworden, aufstand, um in die Eingangshalle der Schule zu gehen.

Die Sekretärin besorgte mir ein Handtuch und erkundigte sich nach dem Grund meines Wehklagens. Ich ertrug es nicht, und vor lauter Beklemmung bat ich sie inständig, es jetzt einfach gut sein und mich dann rufen zu lassen, wenn meine Eltern ankommen würden: Ich würde im dritten Stock sein und der Konferenz zuhören.
Man hatte während der Zeit, die ich draußen gewesen war, bereits einige weitere Ideen vorgestellt, die ich natürlich in dem vorliegenden Bericht nicht außer Acht lassen konnte.
Da sich zwischen Sahian und mir in den folgenden Jahren "etwas mehr" als eine innige Freundschaft entwickelte, weiß ich Bescheid über das, was sich während meiner Abwesenheit ereignet hatte, da sie es mir später genauestens berichtet hat. Außerdem hat sie das auf diesen Seiten Geschriebene durchgesehen und verbessert, so dass ich mich getraue, es als glaubwürdig weiterzugeben.

Das dritte Gesetz präsentierte sich auf der Papierrolle mit den gleichen hervorstechenden Buchstaben wie die vorangegangenen.

DISZIPLIN IST DAS STABILE FUNDAMENT DES ERFOLGES.

(Die Regeln der Disziplin grenzen die einzige vertrauenswürdige Fläche ab, auf welcher der Turm des familiären und persönlichen Erfolges sicher gebaut werden kann. Ihre vier Eckpunkte sind: Respekt, Einigkeit, Strebsamkeit und Autonomie)

„Man erzählt sich, dass in einem Zirkus zwei Löwen ankamen, um abgerichtet zu werden", berichtete Yolza. „Der eine wurde einem Dompteur anvertraut, der von Anfang an klare Regeln für Belohnungen und Strafen einführte: Er verbot dem Tier, *wild* zu brüllen oder mit seinen Pranken zu schlagen, und zwar so, dass er auf ein solches Verhalten eine sofortige, aber kurze körperliche Strafe gab. Außerdem lehrte er ihn geduldig einige routinemäßige Fertigkeiten, für die er jedes Mal gleichbleibend mit Futter und Wasser belohnt wurde.
Der andere Löwe dagegen wurde in die Hände eines neurotischen Dompteurs gegeben. Dieser Mann erlaubte dem Tier, bei einigen Gelegenheiten zu brüllen oder mit seinen Krallen zu drohen, ohne der Aggression größere Aufmerksamkeit zu schenken, und bei anderen Gelegenheiten, wenn er schlechter Laune war, peitschte er ihn aus wegen des kleinsten Widerstandes. Wenn die Großkatze die Dinge, die man von ihr verlangte, gut gemacht hatte, erhielt sie keine klar vorhersehbare Belohnung: War der Dompteur in guter Stimmung, gab er ihr Unmengen zu fressen, klatschte ihr Beifall und lobte sie herzlich. Wenn er jedoch schlechter Laune war, betrachtete er die Fertigkeit des Tieres lediglich als dessen pflichtgemäße Erfüllung seiner Aufgabe und verließ den Käfig, ohne ihm die geringste Belohnung zu geben.
Der erste Löwe, der mittels eines gerechten, beständigen und verlässlichen Regelwerkes abgerichtet worden war, lernte sehr schnell. Er wurde nicht nur zur strahlenden Hauptattraktion des Zirkusses, sondern erwarb sich auch die Zuneigung und Wertschätzung seines Dompteurs. Der zweite Löwe jedoch, der mit freien, stimmungsabhängigen Regeln erzogen worden war, tötete am Ende seinen Abrichter und griff derart viele Menschen an, die sich ihm näherten, um ihn zu zähmen, dass er eingeschläfert werden musste."
Man hatte einen Projektor eingeschaltet, der auf die Wand die Bilder der Löwen warf: Wie sie im Zirkus ankamen, wie sie trainiert wurden und wie der erste seine Fertigkeiten mit großem Erfolg zeigte, während der andere in einen Raum für wilde, unzähmbare Tiere gebracht wurde.
„Das ist sehr gut vergleichbar mit dem, was in einem Zuhause passiert, wenn klare und allen bekannte Regeln eingeführt wurden bzw., wenn man

das versäumt hat. Stellen Sie sich bitte folgende Fragen: Wie werden Regeln in unserem Hause gehandhabt? Wird gelegentlich etwas erlaubt, was bei anderen Gelegenheiten verboten ist? Können die Eltern an ihren Kindern manchmal unerlaubte Handlungen verwirklichen? Kann die eine oder andere Tat zufällig das Glück haben, ignoriert zu werden und genauso gut ins Risiko laufen, Anlass für Schelte und züchtigende Strafen zu sein?
In einer guten Erziehung muss die Vernunft den Vorrang gegenüber dem Gefühl bekommen. Wie wir bereits gesagt haben, reicht es nicht aus, die Kinder bedingungslos zu lieben, wir müssen sie auch *intelligent* lieben. Führen Sie gerechte Regeln ein und sorgen Sie dafür, dass sie eingehalten werden. Meine Damen und Herren: Die Regeln der Disziplin sind lebensnotwendig für die Familie, aber sie dürfen weder geheim noch willkürlich wechselnd sein. Es empfiehlt sich, sie auf ein Plakat zu schreiben und an einem für alle gut sichtbaren Ort aufzuhängen. Grenzen Sie klar und für alle Familienmitglieder offen den Weg ab, den es zu befolgen gilt, und niemand weiche davon ab! Versuchen Sie es bitte. Wenn Sie das machen, werden Sie mit dem Besuch dieser Veranstaltung keine Zeit verschwendet haben. Dies ist eine der grundlegenden Empfehlungen zur Verbesserung der Qualität Ihrer familiären Beziehungen. Sie verlieren nichts, wenn Sie sie ausprobieren, und auf der anderen Seite haben Sie keine Vorstellung davon, was Sie alles gewinnen können."
„Hören Sie. Müssen die Kinder bei der Aufstellung der Regeln mitwirken?", fragte die einzelne Dame.
„Nicht unbedingt. Es ist aber wichtig, dass sie nicht gewaltsam zum Einhalten der Regeln gezwungen werden, sondern sie *aus freiem Willen verstehen lernen und annehmen*. Einschließlich der Möglichkeit, sie zu kommentieren, zu kritisieren und zu bereichern. Aber die Einzigen, die das Recht und die Verantwortung haben, sie festzulegen, sind die Eltern. Sie sind ebenfalls die Einzigen, die die Macht besitzen, sie zu aktualisieren, wenn sie veraltet sind, oder sie auszuweiten, einzuschränken oder flexibel zu handhaben, wenn irgendein ganz besonderer Umstand dies erforderlich macht."
„Aber heißt das nicht, dass Gesetze aufgestellt werden, um sie letztendlich zu brechen? Wird es nicht so sein, dass die Kinder sie nur dann beachten, wenn sie sich beobachtet fühlen?"
„Das hängt von der Art ab, wie Sie sie handhaben. Dunkle und unverständliche Regeln werden immer gebrochen. **Nur Verbote, die sich die Kinder selbst geben auf der Basis ihrer eigenen Überzeugung, sind wirkungsvoll.** Also, bevor Sie ihnen Anweisungen geben, überzeugen Sie sie von deren Sinn.

Streben Sie an, dass Kinder nicht die Verbote von Ihnen angreifen, sondern ihre eigenen."

„Ich bin damit einverstanden, dass es Regeln geben muss, Herr Yolza, aber es muss eine Richtlinie geben, um nicht in repressive Extreme zu verfallen."

„Eine sehr gute Beobachtung, mein Herr. Es existiert ein unfehlbarer Leitfaden, um auf gute Weise Vorschriften zu entwickeln. Die Disziplin muss lediglich vier Gesichtspunkten genügen. Es ist unerheblich, was genau verboten oder erlaubt ist, wenn Sie diese vier Ziele erreichen."

Der Schulleiter machte eine Pause, während der er sein Material nach der nächsten Projektionsfolie durchsuchte.

Ich betrat genau in diesem Moment den Raum. Einige Eltern schauten mich wegen der Unterbrechung vorwurfsvoll an, nicht aber Yolza. Ich nahm irgendwie verloren auf meinem alten Stuhl Platz, noch tropfend wegen der vorangegangenen Regendusche. Sahian betrachtete mich mit Verwunderung. Sie machte den Eindruck, zu mir kommen zu wollen, um mir... zu helfen?, mich abzutrocknen?, mich zu fragen?, oder wozu sonst? Aber sie blieb auf ihrem Platz sitzen, ohne den Blick von mir abzuwenden, auch dann noch, als der Schulleiter schon wieder zu sprechen begonnen hatte.

Die Ringmappe lag unversehrt an der Stelle, wo ich sie liegen gelassen hatte. Ich öffnete sie, und schloss sie gleich wieder.

Ich verstand sofort, dass ich in einem entscheidenden Moment des Vortrags angekommen war. Klare und treffende Dinge gefielen mir ganz besonders. Wenn also das Einführen von Regeln in einem Heim davon abhängen sollte, vier einfache Voraussetzungen zu erfüllen, wollte ich sie natürlich kennen lernen.

Ich war nicht der Einzige, der von dieser Idee angezogen wurde. Die anderen Anwesenden vergaßen fast augenblicklich mein unerwartetes Auftauchen, und Sahian drehte ihren Kopf wieder nach vorne. Der Direktor legte eine Abbildung auf die erleuchtete Projektorscheibe, und es erschien an der Wand ein Rechteck mit einem Wort in jeder Ecke:

RESPEKT   **EINIGKEIT**

STREBSAMKEIT   **AUTONOMIE**

„Untersuchen wir die erste Voraussetzung: **RESPEKT**. Wie definieren Sie Respekt in einem Heim?"

Eine vom Thema begeisterte Frau hob die Hand, um ihre Meinung zu äußern:

„Nicht ungehobelt sein oder, besser gesagt, gut erzogen sein."

In Anbetracht der Schwierigkeit mit der Definition einfachster Begriffe gab es keinen weiteren Freiwilligen.

„Der Respekt ist eine imaginäre Linie", erklärte der Schulleiter, „die in gegenseitigem Einverständnis zwischen zwei Personen gezogen wurde. Eine Linie, die niemals überschritten werden darf. Sicherlich kann die Linie des Respekts bei einigen Familien derart sein, dass sie lautstark miteinander reden oder sich grobe Worte sagen können, ohne dass sich jemand beleidigt fühlt. Auf der anderen Seite gibt es Beziehungen, in denen ein einfaches Anheben der Stimme, Spötteleien oder eine Derbheit einen Mangel an Respekt bedeuten. Zwischen Menschen, die unter demselben Dach leben, selbst wenn sie keine Familienangehörigen sind, ist die Linie des Respekts etwas, das ganz klar durch Regeln begrenzt sein muss."

„Und wie macht man so etwas?"

„Die Regeln, die Sie aufstellen, müssen einige Voraussetzungen erfüllen, wie zum Beispiel das absolute Verbot, sich über die Fehler anderer lustig zu machen und solche geläufigen Sätze zu verwenden wie *Halt's Maul!*, 'Sei nicht gestört!', 'Ich habe dich für heller gehalten!', 'Du bist blöd!', 'Du bist ein Idiot!', 'Dir fehlt das Hirn!', 'Reicht dein Gehirn nicht zu mehr?'"

Die aufgezählten Verbote schienen mir so normal zu sein, dass ich ein Lächeln nicht vermeiden konnte. Wenn man sie bei mir zu Hause anwenden würde, was würden wir dann überhaupt noch reden?

„Der zweite Gegenstand der Disziplin ist die **EINIGKEIT**", setzte der Vortragende nach einer kurzen Pause fort, in der es keine Kommentare gegeben hatte. „Die Einigkeit ist es, die die Familien stark macht. Einig sein bedeutet, gemeinsam sowohl wichtige als auch kleine Momente miteinander zu teilen. Es gibt Heime, deren Zustand der Einigkeit so besorgniserregend ist, dass jeder kommt und geht, wann immer er will, ohne vorher Bescheid zu sagen, und das isst, was sich im Kühlschrank befindet oder das jemand, völlig egal wer, großzügigerweise auf dem Herd stehen gelassen hat. Kinder und Eltern gehen fast nie zusammen weg. Und Letztere sind so gleichgültig, dass sie sich über die Gleichgültigkeit ihrer Kinder nicht einmal beschweren. Es gibt nichts Absurderes als eine uneinige Familie. Wenn sie nicht wie eine Mannschaft ist, wenn es kein gegenseitiges Interesse für die anderen Familienmitglieder gibt und keine spontane Hilfe, wenn sie nicht die Probleme einzelner gemeinsam löst, hat die Familie keine Existenzberechtigung."

„Früher waren die Heime mehr vereint, Herr Direktor", unterbrach ein Herr. „Warum ist heute der Zerfall so allgemein geworden?"

„Weil wir die Werte verwirrt haben. Wir besitzen etwas Wertvolles und Unersetzliches, das sich nicht mehr regeneriert, wenn es einmal verbraucht ist: UNSERE ZEIT. Sie ist der größte Schatz, den wir besitzen, und wir verschenken sie in Hülle und Fülle an die Arbeit, an Freundschaften und an Befriedigungen wie Essen, Schlafen und verschiedene Vergnügungen. Aber andererseits geizen wir schrecklich damit, wenn es sich darum dreht, sie unserer Familie zu widmen, obwohl diese die vorrangige Wichtigkeit für jeden Menschen haben sollte. Wir müssen mehr Zeit *von Qualität* unserem Ehepartner und unseren Kindern widmen! Das ist ein dringlicher Hinweis. Nehmen Sie ihn nicht leicht!"

„Könnten Sie uns ein Beispiel für eine Regel geben, die sich aus dem Gebot der Einigkeit ergibt?"

„Geben Sie mir welche."

„Man könnte die Sonntage dazu vorsehen, um zusammen wegzugehen oder gemeinsam den Tag zu verbringen."

„Sehr gut. Noch weitere?"

„Dass man wenigstens eine gemeinsame Mahlzeit am Tag einnimmt."

„Dass die Familienmitglieder eine gemeinsame Sportart ausüben."

„Dass man niemals jemanden alleinlässt, der irgendein Problem hat."

Jäh wurde der Regen von Vorschlägen unterbrochen durch das plötzliche Auftauchen meines Vaters im Saale.

Mein Vater!

Ich stand auf wie von einer Feder geschleudert.

Alle ohne Ausnahme drehten den Kopf in Richtung des gerade Hereingekommenen. Es herrschte eine unangenehme Ruhe im Raum. Mein Vater war in einem einfarbig schwarzen und eleganten Anzug gekommen, mit dem ich ihn nur bei wenigen Gelegenheiten gesehen hatte, ich erinnere mich nicht mehr, welche es waren. Er trug die rechte Hand verbunden in einer Schlinge, hatte ein Pflaster auf der Stirn, und sein Haar war ungekämmt, was bei ihm sonst nie vorkam. Aber, das wirklich Groteske an seiner Erscheinung war, sein aufgequollenes, rotes Gesicht.

Entsetzt schüttelte ich den Kopf. Ich hatte nicht den geringsten Zweifel, dass der üble Zustand meines Vaters die Folge des Kampfes war, der in unserem Haus eine Katastrophe hinterlassen hatte.

Er schaute mich an mit einem Ausdruck, wie ich ihn nicht kannte, zwischen verärgert und flehentlich bittend.
„Gehen wir", sagte er in tiefer Stimme mit schleimiger Aussprache. Hatte er wieder mit dem Trinken angefangen? Als Saúl vor fünf Jahren das schreckliche Problem mit Yolzas Frau hatte, war das Anlass für meinen Vater gewesen, sich zu betrinken. Ihn zum ersten Mal so erlebend, fühlte ich mich äußerst niedergeschlagen, weniger wegen seines Zustandes als wegen der einschlagenden Gewissheit, dass jener bisher für unfehlbar gehaltene Held kein solcher war. Dies war der Tag gewesen, an dem ich meine Kindheit hinter mir ließ.
Ich stand auf, nervös und beschämt wegen dieser unangenehmen Unterbrechung. Der Direktor ging Richtung Türe, um den kürzlich Erschienenen zum Bleiben einzuladen.
„Warum hören Sie sich die Ausführungen nicht an? Ich kann Ihnen versichern, dass Sie Ihnen von Nutzen sein können."
Es war offensichtlich, dass mein Vater kurz vor dem Punkt war, eine überaus unvernünftige oder gar unverschämte Inszenierung zu verwirklichen, aber seine Verwirrung hatte widersprüchliche Züge. Mit einer hässliche Geste ließ er sich auf den erstbesten freien Stuhl fallen. Er wirkte wie ein riesiges, unerzogenes Baby. Einer der Gehilfen beeilte sich, ihm Stift und Papier zu geben, die er mechanisch mit der gesunden Hand nahm, als wäre er hypnotisiert. Es war schon ein sonderbarer Vater, den Gott mir gegeben hatte.
Als Yolza sah, dass sich die Aufmerksamkeit zum Weitergang der Sitzung wieder eingestellt hatte, räusperte er sich, um mit einer Kraft und einem Enthusiasmus fortzufahren, wie er sie bisher noch nicht eingesetzt hatte.
„Das dritte Ziel Ihrer Bemühungen, eine solide Basis für Ihre Familie zu schaffen, ist die **STREBSAMKEIT**. Die Eltern müssen fest und streng in der Erfüllung der Regeln sein, die sich aus dem Gebot der Strebsamkeit ergeben, weil davon in großem Maße die guten, mühsam zu erwerbenden Verhaltensweisen des Lebens abhängen werden. Es ist völlig unerheblich, wie viel sich Ihre Kinder beklagen oder beschweren, sie werden lernen müssen, beständig und fleißig zu sein."
„Soll das heißen, wir sollen sie zwingen, gute Schüler zu sein?", fragte eine Frau.
„Das und vieles mehr. In einer guten Familie muss der Müßiggang definitiv verboten sein!" Während er dies sagte, schlug er so heftig auf den Tisch, dass es mich hochspringen ließ. „Es darf keinen Grund geben, ihnen zu erlauben, von der Schule fernzubleiben oder ihren Verantwortlichkeiten den Rücken zuzukehren. Jugendliche können nicht für die Faulheit direkt vor der Nase eines guten Vaters optieren. Die Regeln der Strebsamkeit sind

die schwerwiegendsten und am schwierigsten zu erfüllenden, weil sie ein hohes Maß an Energie erfordern. Schwache und unfähige Eltern scheitern an ihnen und erlauben ihren Kindern, ebenso zu scheitern."
„Aber wenn die Kinder nicht lernen wollen, wie kann sie jemand dazu zwingen?"
„Wie immer erforderlich! Auf die gute oder böse Art!"
„Wollen Sie damit andeuten, wir sollen hart sein?"
„Ja! Jede noch so harte Maßnahme ist richtig, wenn sie sie auf den Pfad der Arbeit bringt. Erlauben Sie unter keinen Umständen, dass Ihre Kinder faul werden! Geben Sie ihnen keine Möglichkeit, sich zu verstecken. Und sagen Sie ihnen nicht: „Wenn du in der Schule nicht lernen willst, werde ich dir eine Anstellung als Arbeiter oder Dienstmädchen suchen." Ihren Kindern steht ganz einfach diesbezüglich keine Meinung zu. Wenn sie in Ihrem Haus leben wollen, werden sie den Regeln gehorchen müssen. Und eine der wichtigsten ist, unter keinen Umständen die Erledigung ihrer Aufgaben zu versäumen."

Mein Vater hob sein Gesicht mit den auffälligen Ringen unter den Augen und schien sich ein wenig für das zu interessieren, was gerade vorgestellt wurde.

„Strebsamkeit" bedeutet gleichzeitig **„Sicherheit"**. Jede Mutter und jeder Vater weiß genau, dass sich nachts in den Straßen der Stadt Menschen herumtreiben, die Unruhe stiften, stehlen, sich betrinken oder andere üble Dinge tun. Von daher ist es unerlässlich, eine Uhrzeit zu vereinbaren, zu der die Kinder spätestens zum Schlafen zurückkommen müssen. Ich werde Ihnen keine spezielle Stunde vorschlagen. Die Eltern werden dies nach ihren eigenen Kriterien entscheiden, aber die Uhrzeit, die sie festgelegt haben, muss eingehalten werden. Es ist ganz einfach ein sinnvolles Verhalten jeder klugen und vorsichtigen Person, zu sicherer Stunde nach Hause zu kommen. Den Kindern steht auch hierzu keine Meinung zu. Es ist egal, ob Ihr jugendliches Kind weint und stampft, weil 'zu dieser Zeit die Partys gerade anfangen, gut zu werden'. Eltern schlucken häufig die kindischste Entschuldigung. Wenn du ein guter Familienvorstand sein willst, lerne zu sagen: 'Tut mir leid, mein Sohn!', 'Tut mir leid, meine Tochter!' In einem Heim gehen Weiterentwicklung und gute Verhaltensweisen einher mit der Liebe. Nur ein Mensch, der seine Kinder nicht liebt, vermeidet rechtzeitig ein gutes Korrektiv. Zum Bereich der Strebsamkeit gehören Regeln, die Rauchen, Trinken von Alkohol, Aufstehen und Schlafengehen außerhalb der festgelegten Stunden, Fernsehen, das Bett machen, mit Anstand essen, höflich, aufrichtig, ehrenvoll sein, nicht zu

stehlen, nicht zu lügen usw. kontrollieren. Gute Verhaltensweisen sind der Weg zur persönlichen Weiterentwicklung und müssen erworben werden, Protest hin, Protest her!"
Der Direktor beendete seine Ausführungen mit einer solchen Energie, dass ich mich ein wenig nervös fühlte. Alle Anwesenden hatten ihre Augen weit geöffnet und waren offenbar von einem ähnlichen Gefühl ergriffen.

Yolza bat meinen Vater, nach vorne zu kommen und einen kleinen, aber ungewöhnlichen Brief vorzulesen, der das Vorangehende erläutern würde. Papa schien die Einladung nicht gehört zu haben. Er schaute wie betäubt nach vorne und blinzelte nicht einmal. Mein Herz sprang schier aus der Brust. Das hier war nicht mein Vater. Dieser Mensch vermittelte den Eindruck, mit offenen Augen ohnmächtig zu sein. Was ihm gerade alles begegnet war, musste einfach unfassbar für ihn sein.
Eine andere Person stand auf, nahm das Blatt, das ihr der Vortragende reichte, und begann mit exzellentem Ausdruck zu lesen:

Mein Kind,

die Familie ist vergleichbar mit einem Unternehmen. In Unternehmen gibt es Richtlinien und Grundsätze, die von den leitenden Personen aufgestellt worden sind. Diese Grundsätze stehen nicht zur Diskussion, sie müssen erfüllt werden. Mir ist die Leitung dieser Familie angetragen worden. Es war Gott, der das so verfügt hat, nicht ich. Folglich lege ich die Regeln fest, ob es dir gefällt oder nicht. Ich möchte, dass wir immer von Angesicht zu Angesicht und mit dem Herzen zueinander sprechen. Wir sind Freunde, aber zwischen uns gibt es eine Grenze, die du nicht vergessen darfst. Respekt, Einigkeit und Strebsamkeit der Mitglieder dieses Haus sind nicht verhandelbar. Ich bin ein Befürworter der Moderne, aber das Rückgrat ist unantastbar und kann nicht modernisiert werden.
Gelegentlich kann es weh tun, gehorchen zu müssen, aber im Leben wirst du einen der beiden Schmerzen auf jeden Fall erleiden müssen (dem kannst du nicht entkommen, und die Entscheidung liegt bei dir): den Schmerz der Disziplin oder den Schmerz der Reue.
Ein Vater, der seinen Kindern lediglich Geld vererbt, belässt seine Kinder in der Armut. Wenn er ihnen jedoch Prinzipien vermittelt, gibt er ihnen einen Grund zu leben. Deshalb habe ich dir diesen Brief geschrieben. Ich liebe dich unendlich. Ich würde mein Leben für dich geben.

Dein Vater (C.C.S.)

Während der freiwillige Leser zu seinem Platz zurückkehrte, nutzte ich die Pause, um einen Blick auf Vater zu werfen. Ich erschrak über das, was meine Augen sahen. Sein karminrotes Gesicht hatte sich dunkelrot gefärbt, er hatte einen trockenen Mund und große graue Augenringe. Er nutzte ebenfalls den Moment, um sich diskret zu erheben und den Ort zu verlassen. In der Art seines Ganges nach draußen entdeckte ich eine leichte Beeinflussung, als versuchte er, auch mich stillschweigend zum Gehen zu bewegen. Um das Seminar nicht zu unterbrechen, ging ich hinter ihm hinaus.

Ich sah ihn mit gespreizten Beinen ans Treppengeländer gelehnt. Sein Kopf war schweißnass. Als er mich in der Nähe spürte, richtete er sich auf und begann, die Stufen hinunterzugehen. Ich ging hinter ihm, ohne zu sprechen. Aber kaum waren wir drei Stufen gegangen, drehte er sich zu mir um und bedeutete mir, ihn in Frieden zu lassen, er wolle lediglich frische Luft schnappen. Ich sagte ihm, ich müsse unbedingt wissen, was mir Tante Lucy nicht hatte anvertrauen wollen, worauf er mir schreiend antwortete, mit einer Übellaunigkeit, die so erniedrigend war wie unangemessen:

„Bist du nicht einmal im Stande, eine einfache Anordnung zu befolgen? Geh in den Saal und lass mich alleine. Ich werde gleich nachkommen."

„Du kommst wegen mir zurück, wirklich?"

Er antwortete nicht. Ich war wie paralysiert, mit einem schrecklichen Knoten der Frustration im Hals, als ich ihn die Treppe hinunter fortgehen sah. Er hatte offenbar das gerade Vorgetragene, das sich auf einen ganz intimen Bereich des Menschen bezog, schon wieder vergessen, weswegen ich mich höchst unglücklich fühlte.

Sahian kam zu mir auf die Treppe und blieb vor mir stehen, mit diesem vor Intelligenz und Zärtlichkeit funkelnden Blick, der stets aus ihren Augen glänzte. Dann nahm sie mich, ohne ein Wort zu sagen, in den Arm, um mich so die Stufen nach oben zurück zum Saal zu bringen. Ich hatte keine Kraft, dieser zärtlichen Geste Widerstand zu leisten und ließ mich wie eine Puppe führen. Ich verlor allmählich die Kontrolle über meine Gedanken.

14. DIE REGELN DER FAMILIE YOLZA

„Das Einführen von Regeln in einem Heim erfordert die Beachtung von Respekt, Einigkeit und Strebsamkeit." Unaufhörlich kreisten diese Worte in meinem Kopf. Deshalb konnte die vierte Voraussetzung, die Autonomie, die sofort anschließend erklärt wurde, noch nicht einmal ansatzweise in meinen Kopf eindringen, obwohl ich ab diesem Zeitpunkt wieder im Saal anwesend war.
Es war Sahian, die mir später über diesen letzten Punkt berichtete, damit ich ihn aufschreiben konnte.

„Schließlich", sagte der Direktor, den Weggang meines Vaters stillschweigend übergehend, „haben wir noch die am wenigsten beachtete Bedingung: die **AUTONOMIE**. Sie wirkt als Gegengewicht, das den Frieden in einem Heim ausbalanciert. Ohne sie kann die Disziplin Züge militärischer Unterdrückung annehmen. Autonomie bedeutet Freiheit der Gedanken und des Verhaltens **innerhalb des Rahmens der anderen Regeln**. Die Autonomie erlaubt eine entspannte Atmosphäre, in der niemand Angst vor irgendetwas oder irgendjemandem haben muss, schon gar nicht vor den Eltern. In einer ausgeglichenen Familie herrscht für jede Person die **absolute Freiheit, sie selbst zu sein**, über ihre Zukunft bestimmen und **offen die Vorlieben auszusprechen zu können**, ohne Angst haben zu müssen, von den anderen abgelehnt zu werden. Jeder Einzelne im Haus muss völlige Autonomie zum Treffen persönlicher Entscheidungen besitzen, ohne seine Meinung dem Urteil der anderen unterwerfen zu müssen. In einem Heim darf es keine gespannte oder hemmende Atmosphäre geben. Jedes Individuum muss die Möglichkeit haben, den gegenwärtigen Moment voll zu genießen, in der Freude, genau NACH SEINER ART wachsen zu können. Das, ich betone es ausdrücklich, bedeutet jedoch nicht, dass jeder machen kann, was er will, sondern das Recht hat, ER SELBST ZU SEIN im Rahmen der allgemeinen Regeln und geführt durch einen guten Weg. Um diese lebensnotwendige und unantastbare Voraussetzung zu erreichen, muss der Familienkodex Verbote einschließen wie: Ideen als einzig mögliche und absolut hinstellen; Meinungen ablehnen, außer sie wären unreif, dumm oder unbedacht; sich über jemanden lustig machen, der anders aussieht, sich eine ungewöhnliche Frisur zugelegt hat oder sich eigenwillig ausdrückt; über Freunde und Liebespartner schlecht reden, einzig und allein, um zu verletzen; Musik, Fernsehprogramme oder die Vorlieben der anderen unsachlich kritisieren.

Um es in einem Satz zu sagen: Jeglicher Versuch, die Sehnsüchte und Wünsche der anderen Familienmitglieder zu ändern, einzig und allein, um sie unserer eigenen Weise anzupassen, muss absolut verboten sein! Niemand hat die Verpflichtung, irgendjemand anderem ähnlich zu sein. Die üble Angewohnheit, unseren Nächsten zu kritisieren, muss mit der Wurzel ausgerissen werden. Wenn eine reife Persönlichkeit keine Neigung besitzt, über andere zu urteilen, fühlt sie sich auch selbst nicht beurteilt, es interessiert sie nicht; „was die anderen sagen werden" und sie hat keine Veranlassung, sich durch Sorgen, Ängste, Schuldgefühle oder Beklemmungen zu lähmen. Wenn in Ihren Familien **Autonomie** herrscht, werden Ihre Kinder niemals auf den Gedanken kommen, aus dem Haus zu fliehen, da sie sich in ihm frei, geliebt und akzeptiert fühlen - mit allen ihren Besonderheiten und Extravaganzen, zu denen sie Lust verspüren!"
Yolza endete, ohne ein leichtes Lächeln der Zufriedenheit verbergen zu können. Etwas Außergewöhnliches ereignete sich gerade. Wir alle spürten es. Ein Murmeln zustimmender Meinungen begann, den Raum zu erfüllen, und ich nutzte den Moment, um aufzustehen, die Beine zu strecken und einen Blick aus dem Fenster hinter mir zu werfen.

Was ich auf der Straße erblickte, trieb mir einen Schauder durch mein Rückgrat.
Da hockte im Nieselregen ein Mann mit gesenktem Kopf direkt unter der Straßenlaterne, welche die Fassade der Schule beleuchtete. Seine ungewöhnliche Körperhaltung ließ ihn wie einen Landstreicher oder einen verzweifelten unheilbar Kranken aussehen, dessen Sicht der Dinge es ihm erlaubte, Verhaltensweisen anzunehmen, die für einen gesunden Menschen grotesk wären.
Es gab keinen Zweifel, das war mein Vater.
Ich kehrte zu meinem Stuhl zurück und konnte wahrnehmen, wie sich mir von neuem der Hals verschloss. Sahian schaute immer wieder einmal zu mir herüber, so dass ich beschämt den Kopf senkte. Um diesen unpassenden Anblick meines Vaters in meinem Kopf zu verwischen, öffnete ich meine Mappe und blätterte in den Aufzeichnungen von Tadeo Yolza.
Währenddessen stellten die Teilnehmer der Konferenz weitere Fragen, die der Schulleiter beantwortete.
Ich hatte etwas wirklich Wunderbares in der Hand. Es war außergewöhnlich, aber vielleicht war es auch völlig normal - das blieb abzuwarten.

In einem der vielen Abschnitte der Notizen, die ich noch nicht durchgesehen hatte, waren die Regeln der Familie Yolza archiviert.

Vier verschiedene Listen, die, wie ich aus dem Datum oben in der Liste schließen konnte, das Heim des Direktors in den vier vorangegangenen Jahren geregelt hatten.
Die Dinge ergaben sich mit einer mir geradezu unglaublichen Geneigtheit, aber zu diesem Zeitpunkt war mir noch nicht bewusst, dass bei allem, was mir passierte, höhere Kräfte als der reine Zufall beteiligt gewesen sein mussten.
Das Gesetz des Beispielgebens erfüllte sich ein ums andere Mal direkt vor meinen Augen:
Für den Schüler bedeutet das Beispiel des Lehrers mehr als tausend Worte.

Die Lektüre der gerade gefundenen Seiten erlaubte mir, über das eben Vorgestellte nachzudenken, worüber ich ein wenig meinen Vater und die ganze Anhäufung verwirrender Situationen vergaß. Beim Lesen hörte ich immer weniger auf das, was vor mir gesagt wurde, der Knoten im Hals löste sich allmählich auf und die Tränen, die gerade hervorquellen wollten, zogen sich wieder zurück.

Obwohl ich das vielleicht nicht müsste, gestehe ich, beim vielen Hin- und Hertragen jener Kopien bis zum heutigen Tage auch einige verloren zu haben, worunter sich die Listen mit den Regeln der Familie Yolza befinden. Mein Gedächtnis war niemals besonders gut gewesen. Ich habe mich trotzdem dazu entschlossen, das, was ich damals in diesen Blättern gelesen hatte, so gut es ging, aus dem Gedächtnis niederzuschreiben, und zwar aus folgenden Gründen:

Erstens, weil von diesem Zeitpunkt an geschriebene Regeln in meinem Haus niemals gefehlt haben, und zweitens, weil das Beispiel, das ich gerade aufschreibe, selbst wenn es nicht exakt das ist, was ich damals in den Aufzeichnungen gefunden hatte, eine solch formende und unterweisende Kraft für mein Leben besitzt, wie sie selbst ein umfangreicher Band pädagogischer Erläuterungen ähnlich des Werkes von Makarenko nicht hätte haben können.

REGELN DER FAMILIE FÜR DIESES JAHR

ALLGEMEINE REGELN (FÜR ELTERN UND KINDER)

1. Die Familie nimmt wenigstens eine Mahlzeit am Tag gemeinsam ein.
2. Wenigstens einmal im Monat geht die ganze Familie zusammen aus.
3. Wenigstens einmal im Monat gehen die Eltern alleine aus (ohne Kinder).
4. An gewöhnlichen Tagen ist es nicht erlaubt, Süßigkeiten, Essen oder Getränke irgendeiner Fastfood-Kette zu sich zu nehmen, und weder im Wohnzimmer noch im Auto zu essen.
5. Nach dem Essen räumt jeder das von ihm benutzte Geschirr ab.
6. Bei Ärgernissen oder Diskussionen ist es verboten ... (gilt ausdrücklich auch für eheliche Streitigkeiten):

a) ... Grobheiten oder Beleidigungen zu sagen und Worte zu benutzen wie „immer", „niemals", „ich gehe jetzt".
b) ... neue Regeln einzuführen oder die alten aufzulösen.
c) ... später als eine Stunde, nachdem ein Problem aufgetreten ist, sich immer noch gleichgültig zu geben oder zu vermeiden, den Frieden wiederherzustellen.
d) ... dem Problem eine höhere Wichtigkeit einzuräumen als der Beziehung.

7. Die späteste Zubettgeh-Zeit unter der Woche ist 20.30 Uhr für die Kinder und 22.30 Uhr für die Eltern.

SPEZIELLE VERPFLICHTUNGEN FÜR DEN PAPA

1. Die Berufstätigkeit im Büro ausüben.
2. Reparaturen und Ausbesserungsarbeiten im Haus und am Auto durchführen.
3. Gemeinsam mit Mama wenigstens einmal alle vierzehn Tage Vorräte einkaufen.
4. Die Kinder zur Schule bringen.
5. Während der Woche mindestens eine Stunde mit den Kindern spielen.
6. Die Einhaltung der Regeln überwachen.

SPEZIELLE VERPFLICHTUNGEN FÜR DIE MAMA

1. Täglich kochen und für das Essen sorgen (außer einmal pro Woche, wenn wir auswärts essen).
2. Auf die SAUBERKEIT und den guten Zustand des Hauses, der Kleidung und des Autos achten.
3. Die Kinder von der Schule abholen.
4. Die Kinder zu Extraveranstaltungen am Nachmittag bringen.
5. Mit den Kindern täglich eine Weile spielen.

ALLGEMEINE VERPFLICHTUNGEN DER KINDER

1. Es wird ihnen täglich maximal eine Stunde fernsehen erlaubt.
2. Sie müssen sich nach jeder Mahlzeit die Zähne putzen.
3. Sie müssen vor dem Zubettgehen ihr Spielzeug aufheben und ihr Zimmer aufräumen.
4. Sie müssen ihre schmutzige Wäsche in den Korb legen und ihre saubere Wäsche in den Schrank einräumen.
5. Es ist unter keinen Umständen erlaubt zu lügen oder sich Grobheiten zu sagen.
6. Um zusätzliches Geld zu bekommen, müssen Zusatzarbeiten im Haus erledigt werden.

SPEZIELLE VERPFLICHTUNGEN FÜR IVETTE (8 JAHRE ALT)

1. Täglich das Bett machen.
2. Täglich den Hund füttern und ihn einmal im Monat baden.
3. Von dem Geld, das sie bekommt, wenigstens 30 % sparen.

SPEZIELLE VERPFLICHTUNGEN FÜR CARLOS (5 JAHRE ALT)

1. Sich alleine waschen und anziehen.
2. Ivette beim Baden des Hundes helfen.
3. Von dem Geld, das er bekommt, wenigstens 20 % sparen.
4. Es ist weder erlaubt, im Haus herumzurennen noch in die Betten zu springen.
5. Er darf weder alleine hinaus auf die Straße gehen noch Hauptstraßen überqueren.
6. Bei Abwesenheit der Eltern hat er auf Ivette zu hören.

FUNDAMENTALE VERANTWORTLICHKEIT DER GANZEN FAMILIE:

In Verbindung mit Gott leben.
Wenigstens einmal pro Woche sein Wort studieren.
Sonntags zum Gottesdienst gehen.

Diese Regeln sind zu Beginn jedes Jahres zu überprüfen und zu aktualisieren, können jedoch zu jedem Zeitpunkt bei besonderer Erfordernis durch die Eltern abgewandelt werden.

ALLES, WAS NICHT VERBOTEN IST, IST ERLAUBT, UND JEDER EINZELNE DARF SEINE PERSÖNLICHEN AKTIVITÄTEN FREI AUSÜBEN, WENN SIE DIE BESONDEREN VERPFLICHTUNGEN ERFÜLLT HABEN.

Unter dem letzten Satz standen die Unterschriften aller Mitglieder des Hauses.

Ich ging die Blätter von oben nach unten und von unten nach oben durch. Es handelte sich um mehr als nur einige einfache Regeln: Das Ganze war eher eine Art Organisationshandbuch. Entgegen dem, was ich zu diesem Thema gehört hatte, wurden nicht nur die Regeln für die Kinder klar dargestellt, es wurden auch die Grundsätze für die Eltern offen aufgeführt. Unter anderem erweckte meine Aufmerksamkeit, dass zerstrittenen Familienmitgliedern eine Stunde der Gleichgültigkeit und der Verärgerung zugestanden wurde, sie aber nach dieser Zeit dazu verpflichtet waren, sich um die Wiederherstellung des Friedens zu bemühen. Auch bemerkte ich in der seltsamen Regelung in Bezug auf Streitigkeiten, dass es nicht einmal den Eltern erlaubt war, Regeln hinzuzufügen oder aufzuweichen, während sie verärgert wären. Und es war ebenso auffällig, dass die kleine Ivette mehr Freiheiten, aber auch mehr Verantwortlichkeiten als ihr jüngerer Bruder hatte.
Ich war mitten in diese Betrachtungen vertieft, als mich ein Satz, den Yolza gerade sagte, mit einer solchen Heftigkeit in die Realität zurückholte, wie sich eine schlafende Person fühlt, über die man eine Schüssel kaltes Wasser ausgeleert hat:
Möchten Sie sich setzen, Herr Doktor Hernández?"
Mein Vater stand in der Tür, sich leicht am Rahmen festhaltend. Wie viel Zeit hatte er dort schon verbracht?

„Nein, danke", sagte er, wieder beträchtlich erholt, aber immer noch einen unerfreulichen Anblick darbietend, nun mit nassem Haar und schmutzigem Anzug.
„Ich gehe ja schon. Obwohl ich Ihnen vorher gerne noch eine Frage stellen würde."
„Jede, die sie möchten."
„Wenn Regeln bestehen, muss man den, der sie bricht, bestrafen, nicht wahr?"
„Auf jeden Fall."
„Und glauben Sie, es sei gut, ab und zu eine Tracht Prügel zu verabreichen?"

Ich hob die Hände zum Kopf. Gütiger Gott, warum fragte er das?
Papa hatte nie eine große Neigung gehabt, uns zu schlagen. Trotzdem war offensichtlich, dass die Ereignisse der vergangenen Nacht in unserem Haus nicht auf irgendeine übliche Weise passiert sein konnten.

Irgendwie hatte ich den Eindruck, dass ich sehr bald über alles im Bilde wäre, aber auch, dass mir das mit Sicherheit nicht gefallen würde.

15. DAS GESETZ WAHRER KOMMUNIKATION

„Ein Kind zu schlagen ist eine Taktik, die nicht in jedem Fall verboten ist", erklärte Yolza zu meiner großen Überraschung. „Ich sage ausdrücklich Taktik, weil sie als eine solche verwendet werden muss, als äußerst extremes und seltenes Mittel, **das nie von Zorn begleitet sein darf**. Es ist etwas, das äußerst schwierigen Umständen vorbehalten sein muss wie schwerwiegenden Regelübertretungen bezüglich des Respekts und der Strebsamkeit. Oder bei Ungehorsam, der so gravierend ist, dass wir uns nicht den Luxus einer Wiederholung erlauben können."

„Das sagt sich leicht", protestierte Papa, „aber gibt es einen Indikator, der uns zeigt, *wann* und *wie viel* wir strafen müssen?"

„Ja: **die Verletzung der Prinzipien**. Einzig und allein in einem solchen Fall haben die Eltern das Recht zu schimpfen. Bestrafung ist **nur zulässig bei Ungehorsam**. Wenn ein Kind etwas Schlechtes tut, ohne vorher gewusst zu haben, dass es das nicht tun darf, wäre eine Ermahnung ungerecht. Wie sehr wir auch über seine Handlung verärgert sein mögen, wir müssen uns darauf beschränken, ihm zu erklären, warum es schlecht war, was es getan hat und den Vorfall in einer neuen Regel aufnehmen." Er wandte sich zu den übrigen Hörern mit der Warnung: „Liebe Eltern, wenn Sie kein Regelwerk in Ihrem Haus eingeführt haben, werden Ihre Strafen den Charakter der Tyrannei und ihr Ärger den der Hysterie haben. Ein Vergehen liegt nur dann vor, wenn etwas getan wurde, was ganz klar verboten war."

„Aber Sie haben meinen Zweifel immer noch nicht ausgeräumt", nahm Papa wieder auf. „Wenn Schläge nur bei schwerwiegenden Fehlern zulässig sind, wie straft man dann *normalerweise?*"

„Mit klaren, festen Worten, seinen Ärger augenblicklich zeigend. Egal, wie oft der gleiche Übertritt begangen wird, er muss jedes Mal korrigiert werden. Es ist unerlässlich, dass sich beide Elternteile einig sind, aber wenn das einmal nicht der Fall sein sollte, vermeiden Sie auf jeden Fall, vor Ihren Kindern zu diskutieren. Wenn ein Kind seinen Fehler verstanden hat, kann eine Strafe sehr bald wieder aufgehoben werden. **Der Schlüssel einer wirksamen Verhaltenskorrektur liegt darin, den Ärger nicht unnötig lange auszudehnen.** Es gibt Menschen, die über Tage oder gar Wochen verärgert bleiben. Nichts ist ungesünder und törichter, als ein Missfallen völlig unnütz zu verewigen. Fast augenblicklich nach dem Schimpfen sollte man miteinander reden. Die Repression muss von den Eltern erklärt und von den Kindern verstanden werden."

„Und wenn es die Kinder nicht verstehen?"

„Wenn es die Kinder nicht verstehen, ist das ein Zeichen, dass Sie zu ihnen nicht mit ausreichender Liebe gesprochen haben. Bedingungslose Liebe, Herr Doktor Hernández. Es gibt kein menschliches Wesen, das sich ihr gegenüber verschließt."
In den Augen meines Vaters glitzerten die Tränen wie Tropfen der Verwirrung. Einen Augenblick lang erschien er mir wie ein Betrüger. Ich hatte immer geglaubt, dass dieser Mann keine Tränen hätte. Noch nie in meinem Leben habe ich ihn weinen gesehen, noch nicht einmal, als seine Mutter gestorben war, so dass es ein völlig neues Erlebnis für mich war, ihn so tief betrübt zu sehen.
„Ich habe meine Kinder mit Härte geführt und sie geschlagen, wenn sie nicht gehorchten", flüsterte er. „Sie hatten Umgang mit meinem Sohn Saúl. Ein schlechtes, unverbesserliches Kind. Nichts funktionierte mit ihm. Wenn Sie wüssten, was er mir angetan hat ... "
Und seine Worte lösten sich auf in einem erstickenden Schluchzen. Er bedeckte sich nicht einmal sein Gesicht mit den Händen, zog lediglich die Augenbrauen zusammen und ließ die Tränen über seine Wangen laufen, vor dem verblüfften Blick der Teilnehmer.
Ich hatte das Gefühl, als würde mir eine brennende Zange den Hals zudrücken, und meine Augen wurden feucht. Die Sorge um das, was am Vorabend passiert war, hatte nicht die geringste Bedeutung in Anbetracht des Eindrucks, den der Anblick des Zustands meines Vaters bei mir verursachte. Ich hatte das Bedürfnis aufzustehen und mich ihm zu nähern. Wie lange schon hatte ich ihn nicht mehr berührt?
„Die Härte in der Erziehung, Herr Doktor Hernández, muss begleitet sein durch **häufige und wahre Kommunikation**. Wenn Sie das nicht machen, häufen Ihre Kinder Wut und Rachegelüste in sich an. Können Sie sich vorstellen, was durch den Kopf eines Jugendlichen geht, dessen Verhalten unterdrückt oder der gar mit Heftigkeit geschlagen wurde? Versuchen Sie sich zu erinnern. Sie selbst werden das auch erlebt haben. Nach Schlägen nimmt die Zuneigung und Wertschätzung gegenüber dem korrigierenden Vater und gegenüber sich selbst deutlich ab. Der Zorn verwandelt sich in Empörung und diese in Abneigung. Der Schaden ist dermaßen groß, dass selbst nachdem der Sturm wieder zur Ruhe gekommen ist, die Abdrücke des Hasses umso tiefer eingeprägt bleiben."
Mein Vater kontrollierte sein Schluchzen, und ich für meinen Teil beeilte mich, tief durchzuatmen, in dem Versuch, meine wachsende Verwirrung zu beruhigen.
„Damit so etwas nicht passiert, müssen wir beständig das vierte Gesetz anwenden: „WAHRE KOMMUNIKATION". Nennen wir es einmal so: Ein Kind bestrafen ist wie eine notwendige Wunde verursachen, ähnlich des

Einschnittes, den die Chirurgen ausführen, um einen Tumor zu entfernen. Es reicht nicht aus, diesen Schnitt zu machen und die Zyste des Ungehorsams herauszunehmen, es ist unerlässlich, die Öffnung wieder sorgfältig zu vernähen und sie vor Infektion zu schützen. Eltern, die nach Strafen keine **wahre Kommunikation** mit ihren Kindern pflegen, sind wie Chirurgen, die den Patienten nach der Operation sich selbst überlassen mit offener, nicht genähter Wunde."

Er drehte sich um und entfaltete auf der Papierrolle den Wortlaut des vierten Gesetzes:

GESETZ DER WAHREN KOMMUNIKATION

DIE QUALITÄT EINER FAMILIE ZEIGT SICH IN DER ANZAHL UND REGELMÄßIGKEIT TIEFER GESPRÄCHE ZWISCHEN DEN FAMILIEN-MITGLIEDERN

Die Lichter wurden ausgeschaltet und eine Folie auf die Wand projiziert, die das Gesetz erläuterte:

ES GIBT DREI ARTEN DER KOMMUNIKATION:

Erstes Niveau der Kommunikation *(oberflächlich). Man verwendet es, um allgemeine Dinge ohne größere Substanz oder weiterreichende Bedeutung zu kommentieren. Es ist die Form von Gespräch, die sich zwischen Menschen ergibt, die sich lediglich kennen, aber nicht näher schätzen. Auf diesem trivialen Niveau ist es sehr leicht zu tadeln, sarkastisch zu kritisieren oder zu beleidigen, weil man häufig den Fehler begeht, jemanden zu verletzen, der mit mehr Tiefe spricht. Nichts ist schädlicher für eine Familie als eine konstante oberflächliche Kommunikation.*

Zweites Niveau der Kommunikation *(gesellschaftlich, sozial). Man befindet sich auf diesem Niveau, wenn Ideen, Erfahrungen, Erlebnisse oder persönliche Beunruhigungen auf eher kühle und berechnende Art kommentiert werden, ohne sich gefühlsmäßig zu engagieren.*

Drittes Niveau der Kommunikation *(tief, wahr). Auf diesem Niveau trägt man keine Masken und Schutzschilder. Diese Art der Kommunikation gibt es nur unter Personen, die sich mögen. Wenn sie stattfindet, öffnet sich die Schatztruhe, in der Zweifel, Ängste, Sehnsüchte, Schmerzen, Traurigkeit, Vorlieben und Wünsche aufbewahrt werden. Eine Truhe, die in der Familie immer offen sein sollte.*

Erstaunlicherweise erklärte Direktor Yolza diesen Text nicht weiter. Er beschränkte sich darauf, ihn eine längere Zeit projiziert zu lassen. Als er danach wieder zu sprechen begann, war seine Stimme weich und vertrauensvoll, wie ein gutes Beispiel tiefer Kommunikation:
„Im Laufe der Zeit sind viele Erfahrungen wieder aus meinem Gedächtnis verschwunden, aber das, was ich Ihnen jetzt berichten werde, war nie vom Vergessen bedroht. Vor vielen Jahren, ich war dreizehn Jahre alt und besuchte die dritte Klasse der Sekundarstufe, kam ich eines Tages mit Freunden nach Hause zurück, stolz auf meine Männlichkeit und natürlich hungrig." Er hielt kurz gedankenversunken inne. Es schien, als habe die Anekdote, die er gerade mit uns teilen wollte, für ihn eine emotional außergewöhnliche Bedeutung gehabt. Aber fast augenblicklich belebte er sich wieder und fuhr fort: „An diesem Nachmittag, als ich nichts auf dem Herd sah, rief ich nach meiner Mutter. Wo sie sich denn herumtriebe? Ob dies die Art sein, „die man sie gelehrt hätte", mich zu empfangen? Meine Mutter erschien mit weit offenen Augen, verwundert über meine Unverschämtheit, und ich, um mich vor meinen Kumpanen zu brüsten, fragte sie, was sie denn den ganzen Morgen getan hätte, ich sähe keine Töpfe mit Essen.

Die Erde öffnete sich unter meinen Füßen, als ich meinen Vater hinter meiner Mutter auftauchen sah. Großer Gott! Ich hatte nicht gedacht, dass er zu Hause sei! Bei einer früheren Gelegenheit hatte er mich gewarnt, wenn ich es vor mir selbst verantworten könne, könnte ich auf solch grobe Weise mit **meiner Mutter** reden, wenn ich das unbedingt wolle. Aber ich solle mich ja in Acht nehmen, dass er mich niemals dabei überrasche, so mit **seiner Frau** zu sprechen. Also war es logisch, dass er auf mich zukam, meine Freunde aufforderte, das Haus zu verlassen und sich den Gürtel auszog. Bevor er mich schlug, sagte er mir, ich solle, wenn ich die Schläge bekomme, Gott dafür danken, einen Vater zu haben, der mich korrigiere. Es wurde eine Tracht Prügel ohnegleichen. Bei jedem Schlag rief ich weinend nach Gott. Und kurz nach dem Ende der Schläge war ich sicher, dass er mich gehört hatte."

Das Halbdunkel im Raum und die völlige Stille gaben der Erzählung eine eindrucksvolle Wirkung. Nur die linke Gesichtshälfte des Vortragenden war erleuchtet durch den Widerschein des Projektionslichtes an der Wand. „Ich ging hoch auf mein Zimmer, in Tränen gebadet", fuhr Yolza fort. „Das Brennen von den Schlägen machte es unmöglich, mich hinzulegen, also schloss ich mich im Schrank ein. Ich weinte untröstlich, fühlte mich erniedrigt, unwürdig und voller Wut und Hass auf die ganze Welt. Ich wollte nur noch sterben.

Aber dann geschah etwas, das mein Leben veränderte. Mein Vater kam ins Zimmer, um mich zu suchen. Ich hörte sein Kommen und weigerte mich, aus meinem Versteck zu kommen, aber er zögerte nicht: Er öffnete die Schiebetür und bückte sich, um mir seine Arme entgegenzustrecken. Ich konnte mein Schluchzen nicht anhalten und umarmte ihn schließlich voller Betrübnis. Er streichelte mir den Kopf und sagte mir, wie sehr er mich liebe. Mit großer Bedrücktheit gestand er mir, es hätte ihm sehr weh getan, mich hart bestrafen zu müssen, aber er zeigte sich nicht reuevoll. Er sagte mir, dass er mich trotz allen Schmerzes seiner Seele immer korrigieren müsse, wenn es nötig sei, und bat mich um Verständnis dafür. Mein Verhalten sei dermaßen unverschämt gewesen, dass er sich nicht hatte tagelang darüber ärgern wollen, einschließlich der denkwürdigen Beleidigung, die ich gegenüber meiner Mutter (und seiner Frau) begangen hatte. Aber das Großartige an dieser Lektion war, dass er bereits wenige Minuten, nachdem er mir die verdiente Tracht Prügel verabreicht hatte, alles losließ und mir verzieh. Er gab mir zu spüren, was ich ihm bedeutete, und meine Damen und Herren, mein Vater zitterte, als er mich streichelte, da er mit dem Herzen sprach. Er weinte, als er mich umarmte. Ich vergaß die Schmerzen durch die Schläge und küsste sein tränenbedecktes Gesicht. Seine starke und anhaltende Bedrückung drückte mir selbst auf die Seele."
Direktor Yolza machte eine Pause in seiner Erzählung, um tief zu atmen und die Lawine von Gefühlen wieder in den Griff zu bekommen, die dieses Kapitel seiner Vergangenheit in ihm hervorrief. Als er sich wieder gefasst hatte, fuhr er fort:
„Wenn ich ein Erlebnis nennen sollte, das mich entscheidend zu dem geprägt hat, der ich heute bin, würde ich ohne Zögern jenes wählen. Es gibt wahrscheinlich nichts, das Gott mehr gefällt, als einen Vater oder eine Mutter ihre Pflicht zum Disziplinieren erfüllen und sie danach zu ihrem Kind gehen zu sehen, um mit ihm aus tiefer Seele zu reden und ihm zu sagen, wie sehr sie es lieben. Einer Sache bin ich mir zumindest absolut gewiss: Es gibt keine kraftvollere und wirksamere Weise in der Erziehung."
In seinen Worten lag eine solch feste Überzeugung, dass niemand einen Zweifel an seiner Aufrichtigkeit hatte.
„Niemals wuchs der Respekt gegenüber meinem Vater so wie bei jenen Gelegenheiten, in denen ich ihn bekümmert sah", setzte er fort. „Bereits in recht jungem Alter kam ich zu dem Schluss, dass meine Eltern menschliche Wesen mit Fehlern, aber guten Absichten seien, Wesen, die liebten und es verdienten, geliebt zu werden. Sie ließen mich normalerweise in den täglichen Schwierigkeiten alleine, aber wenn die Dinge für mich wirklich schlecht liefen, waren sie immer für mich da, um mir zu helfen und mir

ihre bedingungslose Liebe zu geben. Merken Sie sich bitte: Die Kommunikation in der Familie muss auf dem dritten Niveau sein! Jedes menschliche Wesen braucht tiefe und ehrliche Gespräche! Wenn es davon zu wenig im Hause gibt, treibt das Ihre Kinder auf die Straße auf der Suche nach Menschen, die bereit sind, mit ihnen engere Verbindungen einzugehen. Aber auf der Straße kann alles mögliche Schlimme passieren. Legen Sie die Angst ab, Ihre Gefühle zu zeigen, und dann werden Sie auch Ihre Angst verlieren zu disziplinieren. Wenn Ihre Kinder die Regeln missachten, bestrafen Sie sie angemessen. Zögern Sie nicht, entschieden zu reagieren, wenn der Fehler es verdient. Aber nach dem Schimpfen oder gar dem Schlagen umarmen Sie sie, küssen Sie sie, entblößen Sie Ihre Seele und sprechen Sie zu ihnen mit offenem Herzen. Zeigen Sie ihnen ohne Einschränkung, wie sehr Sie sie lieben. Aber bitte warten Sie nicht damit, bis sie schlafen, um hinzugehen, sie zu küssen und ihre Köpfe zu streicheln! **Die wahrhaftige und wirksame Erziehung geht einher mit Verlässlichkeit und Ehrlichkeit, wodurch sie uns die Freude schenkt, die Zärtlichkeit, die wir empfinden, von Angesicht zu Angesicht zeigen zu können.**
Und noch etwas zu den Vätern: Ein Vater ist nicht weniger Mann, wenn er seinen Sohn küsst, und dieser verliert nicht seine Männlichkeit, wenn er seinen Vater an sich drückt. Das sind männliche Komplexe, die, wenn Sie sich darauf berufen, hartnäckig in der Seele Ihrer Söhne bestehen bleiben, mit schwerwiegenden Folgen. Eine gesunde Familie sollte sich mit viel Gefühl umarmen, küssen und miteinander sprechen. Eltern, die die wahre Kommunikation einschränken, werden das früher oder später bedauern."

Im Halbdunkel waren einige stoßartige, aber störende Seufzer zu hören. Noch bevor Yolza den Gehilfen bitten konnte, das Licht anzuschalten, wusste ich bereits, von wem sie kamen.
Als uns die Helligkeit des Neonlichtes umgab, bemerkte ich, dass einige Erwachsene verweinte Augen hatten, sich jedoch sehr hüteten, dies allzu offenkundig zu zeigen.
Nur meinem Vater bedeutete es nichts, in seinem bedauerlichen Gemütszustand gesehen zu werden.
„Ich muss zu dem, was Sie gesagt haben, etwas beitragen", kündigte er zwischen Schluchzern an. „Alle hier Anwesenden müssen wissen, was mir passiert ist, damit es Ihnen nicht auch passiert."
Er ging langsam auf mich zu und atmete tief dabei ein. Das half ihm, sich wieder etwas zu beruhigen. Mein Vater blieb hinter meinem Rücken stehen, und ich hatte den Eindruck, meine Angst würde mich töten. Alle schauten uns an.

Schließlich stützte er seine Hände auf meine Schultern und begann mit enormer Entschlossenheit:
„Saúl, mein ältester Sohn, stand vor fünf Jahren kurz vor dem Gefängnis, weil er eine schwangere Lehrerin geschlagen und dadurch bei ihr einen Abort verursacht hatte."
Es entstand eine unangenehme Pause, in der mein Vater zögerte, ob er sich völlig öffnen solle oder nicht.
„Herr Yolza kennt diese Geschichte sehr gut. Das durch dieses Unglück verloren gegangene Kind war sein Sohn. Und die angegriffene Frau seine Ehefrau."
Ein überraschtes Murmeln erhob sich. Yolza betrachtete meinen Vater mit dem Blick eines Luchses. Zum ersten Mal sah ich, wie sich in Sahians Augen die Tränen zeigten. Ich senkte beschämt den Kopf.
„Dank der Besonnenheit des Direktors, der die Anklage fallenließ, musste Saúl nicht in die Besserungsanstalt. Aber jetzt wird mir klar, dass das besser gewesen wäre."
Ein unbeabsichtigtes Zusammenziehen seiner Nase hinderte ihn, mit Ungezwungenheit fortzufahren. Er war ungewöhnlich rot, und die Tränen badeten ihm buchstäblich das Gesicht.
„In unserem Haus wurde nichts mehr wie vorher. Der Junge verwandelte sich in einen aufrührerischen und groben Sohn und ich mich in einen unnachgiebigen Vater. Ich wusste seinen schiefen Weg nicht gerade zu biegen. Jetzt weiß ich mit aller Klarheit, worin ich mich geirrt hatte: Ich wandte alle Härte an, habe aber nie mit ihm geredet ... "
Sahian war bleich, ihre Augen so weit aufgerissen, als hätte sie ein Gespenst gesehen. Sie sprachen gerade von einem Saúl Hernández. Bezog sich womöglich mein Vater auf ihren Klassenkameraden Saúl, der sie von Guanajuato aus angerufen hatte, um ihr sein Unglück zu gestehen? Oder noch härter, war Saúl etwa mein Bruder? Ich nickte langsam mit dem Kopf, ihr ohne Worte diese Fragen beantwortend, die sie mir auf die Distanz ohne Worte formuliert hatte.
„Saúl war Schüler dieser Schule, bis er vor einer Woche von ihr verwiesen wurde. Es wird Sie überraschen, er wurde mit seiner Freundin zusammen auf der Toilette erwischt."
Verflucht! Diesen Teil des Bekenntnisses hätte er ruhig weglassen können.
„Ich selbst kam, um den Bericht abzuholen, und fühlte mich dermaßen enttäuscht und betrogen, dass ich ihn beleidigte und vor den Augen des Direktors schlug. Man muss sich nicht darüber wundern, was danach geschah: Er haute von zu Hause ab."

Für einen Augenblick wirkte es so, als ob niemand atmen würde. Die Hände meines Vaters verkrampften sich unangenehm in meine Schultern. „Gestern Nacht kehrte er zurück."

Er begann zu weinen, und beim Weitersprechen waren seine Worte auf geradezu herzzerreißende Weise mit seinen Klagelauten vermischt.
„Mein Gott! Mein Gott! Ich wusste nicht, wie ich ihn empfangen sollte. Ich behandelte ihn schlecht. Warum nur, mein Herr? Ich beleidigte und erniedrigte ihn. Aber ich wusste einfach nicht, was das Richtige gewesen wäre. Ich wollte nur, dass er begreift, dass es falsch war, was er getan hatte. Ich verstand nicht, ihm meine Gefühle mitzuteilen. Ich liebte ihn, und ich glaube, er mich auch." Ein erschütternder Klagelaut schnitt ihm das Sprechen ab.
Ich drehte mich, um ihn anzuschauen. Und plötzlich hatte ich das Gefühl, mir würden die Eingeweide zerrissen, als mir schlagartig klar wurde, dass er diesen schwarzen Anzug, in dem er erschienen war, nur trug, um zur Totenwache zu gehen.
Ich hörte kaum, was er anschließend sagte.

„Mein Sohn hat sich heute Nacht umgebracht. Er hat nicht einmal eine Nachricht hinterlassen. Er hatte es genauso wenig gelernt, sich mitzuteilen."

16. EIN VERZWEIFELTER SCHREI

Alle Kursteilnehmer begleiteten uns zur Totenwache. Es sind seitdem so viele Jahre vergangen, dass ich allerdings die Namen und Gesichter derjenigen, die mit uns in dieser Nacht zusammen waren, vollständig vergessen habe. Ich hatte mich auch nicht sehr auf sie konzentriert.
Am Fuß des Sarges meines Bruders platzte die Bombe, die sich in meinem Geist in den letzten Tagen immer mehr entwickelt hatte. Und durch die Trümmer meiner bisherigen Weltsicht drang bis in die Tiefe meines Seins das Verständnis der Konzepte, die ich durch den Direktor bekommen hatte. Ich weinte in der Gewissheit darüber, dass sich der vorzeitige Tod meines Bruders nicht ereignet hätte, wenn dieses Material zur familiären Verbesserung in meinem Zuhause früher bekannt gewesen wäre. Und wahrscheinlich würde auch noch das dritte Kind der Yolzas leben.
Als ich in den eleganten Sesseln des Aufenthaltsraumes für die Trauernden saß, spürte ich die Gegenwart meines Bruders, und an den Schatten seines ätherischen Körpers gerichtet, traf ich einige radikale Entscheidungen: Ich würde nach Beendigung der Oberstufe in die Fakultät für Philosophie und Sprache der Universität eintreten und Schriftsteller werden. Ich musste das, was uns passiert war, mitteilen. Das war eine mehr als dringliche Aufgabe, es war eine Mission, die mir angetragen worden war. Während der Totenwache waren unaufhörlich einige der ersten Abschnitte, die ich aus der geraubten Mappe gelesen hatte, in meinen Kopf eingeströmt, was mir endgültige Gewissheit gegeben hatte.
Täglich starben Tausende von Menschen, physisch oder psychisch, ohne zu wissen, wie und wann sie im Sumpf der Verzweiflung versunken waren. Und alles hatte seinen Ursprung im Schoß der Familie. **Wenn die Familie ihre Basis verliert, verliert sie auch die Gesellschaft, das Land, die ganze Welt.** Es ist Zeit, den Hilferuf zu hören, der ständig aus dem Innersten der menschlichen Gemeinschaften ausgesandt wird. Wozu nützt uns der ganze technische Fortschritt, wenn wir das eigentlich Wichtige vergessen haben? Wir können nicht weiter so tun, als seien wir taub gegenüber dem verzweifelten Schrei einer Welt, die sich wegen unseres fehlenden Interesses an der Familie in völligem Zerfall befindet.
Und erst jetzt verstand ich vollständig den Titel des Seminars: „Dringende Botschaft zur familiären Weiterentwicklung". Sie war dringend, aber in meinem Fall kam sie zu spät. Eine Veröffentlichung der Geschichte meines Bruders und der Ausführungen des Direktors würden vielleicht dem Schicksal die Gelegenheit geben, anderen Familien *rechtzeitig* das zu schenken, was meiner Familie leider zu spät gegeben worden war.

Ich muss gestehen, dass ich monatelang die Redaktion des folgenden Kapitels verschoben habe, aus Angst, nicht exakt berichten zu können, wie sich der Tod von Saúl ereignet hatte. In Bezug auf die vorangehenden Seiten bin ich überzeugt, dass eine eventuelle leichte Abweichung vom Wahrheitsgehalt der Tatsachen die Botschaft nicht negativ beeinflusst, sondern eher bereichert hat.
Aber aus Respekt vor der Erinnerung an meinen Bruder (und an meinen Vater, der vor kurzem verstorben ist), konnte ich mir bei der Schilderung der Art, wie sich mein Bruder von dieser Welt verabschiedet hat, nicht erlauben, ungenau zu sein.
Auf jeden Fall habe ich mir versprochen, dieser Herausforderung nicht einen Tag länger auszuweichen.
Vielleicht kann ich nach dem Aufschreiben des Vorgefallenen meinem Bruder – wenn auch spät – mit der Herzlichkeit eines Menschen, der einem großen Freund das Allerbeste wünscht, sagen: Lebe wohl, Saúl, und danke.

Als Saúl endlich beschlossen hatte, zurückzukehren, waren zwölf unnütze und schädliche Tage des Exils verstrichen. Weit entfernt davon, durch diese Erfahrung zu reifen, hatte er im Gegenteil einen Rückschritt gemacht. In seinem Geist fixierten sich die Szenen, die eingetreten waren, um sein Leben zu zerstören: der unbeabsichtigte Unfall mit seiner Englischlehrerin (warum nur war der passiert?), die Konflikte mit der väterlichen Autorität, die Schwierigkeit, mit Frauen gefühlsmäßige Bindungen einzugehen, die Unmöglichkeit, seine *ideale Liebe* zu finden, seine sexuelle Verwirrung, seine unendliche und schreckliche Einsamkeit. All das ließ ihn immer tiefer in den Sumpf der Selbsterniedrigung versinken. Völlig demoralisiert und gedemütigt, hatte er trotz des Wahrnehmens seines eigenen Scheiterns keine Kraft mehr, sich zu retten. Wie viele Dinge mussten ihm in diesen Tagen durch den Kopf gegangen sein, wie viele Tränen wird er vergossen haben, wie viel Trostlosigkeit, wie viel physische, aber vor allem emotionale Kälte musste er verspürt haben? So viel ich weiß, hat er nur zwei der fünf Nächte, die er außerhalb des Hauses zugebracht hat, in einem Bett geschlafen. Es stimmt, dass er Unterkunft bei einem ehemaligen Schulkameraden erbeten hatte, dessen Familie etwas außerhalb in der Provinz ansässig war, aber wie war er dorthin gekommen? Wo übernachtete er die übrigen Male? Niemand konnte das mit Sicherheit sagen. Sicher ist nur, dass schließlich ein Hoffnungsschimmer in seinem Geist aufleuchtete und er beschloss zurückzukehren. Er bat die Familie, die ihn beherbergt hatte, um finanzielle Unterstützung, und diese bezahlte ihm das Busticket, mehr um die Unannehmlichkeiten loszuwerden, die mit seiner Beherbergung verbunden waren, als um ihm einen Gefallen zu tun.

Saúl kehrte zurück mit der Vorstellung, sein Vater würde ihn mit offenen Armen empfangen.

Für meinen Vater auf der anderen Seite entbehrte das, was Saúl gemacht hatte, jeglicher Logik: Ihm erschien sein Verhalten als kindlicher Wutanfall und arrogante Frechheit, ihm zu drohen und ihn herauszufordern. Während seiner Abwesenheit steigerte sich Papa in einen besorgniserregenden Zustand der Angst, Empörung und des Zornes hinein. Er wartete jedoch die freiwillige Rückkehr seines erschütterten Sohnes nicht einfach ab und verschränkte die Arme, sondern suchte ihn, wenn auch nur während zweier Tage und einer Nacht, mit Hilfe aller Mittel in seiner Reichweite: Er ging zur Polizei, zu Jugendhilfezentren, Krankenhäusern, Ämtern, Familienangehörigen und Freunden, aber ohne Erfolg. Und mit dem Fortschreiten unendlicher Stunden ohne Nachrichten, wuchs in ihm eine gefährliche Mischung aus Traurigkeit und Wut immer mehr an. Es war einfach nicht richtig, was Saúl gemacht hatte. Er hatte ihm alles gegeben, was sich ein Jugendlicher seines Alters erbitten konnte. Seine Beklemmung und Verzweiflung, einen missratenen Sohn zu haben, wandelte sich allmählich in praktische Überlegungen: Die Straße würde ihm harte Lektionen erteilen. Früher oder später würde er sein Heim wieder zu würdigen wissen, die Familie, die er verlassen hatte, richtig wertschätzen, und er würde geläutert zurückkehren.
Beide irrten sich. Weder kehrte mein Bruder gewandelt zurück, noch empfing ihn mein Vater mit offenen Armen.

Eine unerklärliche Schicksalsfügung wollte, dass nur mein Vater zu Hause war, als Saúl ankam. Meine Mutter und Laura waren an jenem Abend zu Tante Lucy gegangen, was sie selten machten. Um die Wahrheit zu sagen, sie waren vor den Flüchen und Protesten des widerspenstigen Hausherrn geflüchtet, der auf keinen Fall die wiederholt an ihn herangetragene Einladung annehmen wollte, am folgenden Tag am Kurs zur familiären Weiterentwicklung teilzunehmen.

Es klingelte drei Mal.
„Wer um alles in der Welt kann das um diese Uhrzeit sein?", murmelte Papa, in dem Wissen, dass die Frauen Schlüssel mitgenommen hatten.
Er verließ das bequeme Sofa des Fernsehzimmers und begab sich zur Tür, mit üblerer Laune als gewöhnlich.
Papa brauchte einige Sekunden, bis er seinen Sohn erkannte.
„Saúl?"

Das bleiche Gesicht, das ihn anschaute, vermittelte ganz deutlich einen kranken und abgemagerten Eindruck. Selbst wenn er sich irgendwann gewaschen haben sollte, war es offensichtlich, dass er sich weder rasiert noch die Kleider gewechselt hatte, seit er fortgegangen war.
Mein Vater betrachtete ihn, ohne zu wissen, was er tun solle. Saúls unerwartetes Auftauchen gefiel ihm nicht besonders und machte ihm eher Angst. Er drehte sich um und ging einige Schritte hinein, ohne meinen Bruder einzuladen, ins Haus zu kommen.
Der gefühlsmäßige Teil seines Wesens flehte ihn an, seinem Sohn zu erlauben hereinzukommen, ihm Wärme, Ruhe und Erholung anzubieten. Aber sein Verstand, der ihn immer dominiert hatte, verbat ihm dies. Niemals hatte er sich von seinen Gefühlen bestimmen lassen, und dieses Mal war keine Ausnahme. Obwohl seine Vernunft in dieser besonderen Situation etwas getrübt war, sagte sie ihm, er als gekränkter Vater dürfe sich auf keinen Fall mit dem einverstanden zeigen, was sein jugendlicher Sohn getan hatte. Er war zurückgekehrt? Gut. War auch zu erwarten gewesen! Er solle nur ja nicht glauben, mit seinem Spielchen von Abhauen und Wiederkehren in diesem Haus Zugeständnisse gewinnen zu können.

Warum zum Teufel waren nur die Frauen nicht anwesend?

Saúl betrat die Diele mit langsamen und unsicheren Schritten. Verzweifelt benötigte er eine Geste der Akzeptanz, aber er sagte nichts. Man hatte ihm immer eingetrichtert, Männer seien kühl, stark und Haltung bewahrend und Gefühlsduseleien weibliche Torheit.
„Verzeih mir, Papa", brachte er schließlich hervor.
„Verzeih mir? Ein Mensch von Charakter ist doch wohl kaum in der Lage abzuhauen, ohne sich darum zu kümmern, wie viele Qualen er verursacht, um anschließend einfach um Verzeihung zu bitten und zu behaupten, nichts sei passiert."
Saúl schwieg mit eingezogenem Kopf und auf den Boden gerichtetem Blick.
„Glaubst du nicht, dass du bereits zu viel Schaden an den Menschen angerichtet hast? Deine Dummheiten können nicht durch die Bitte um Verzeihung aufgelöst werden. Was zählt sind die Fakten! Es ist Zeit, dass du das verstehst und dich änderst. Nimmst du zum Beispiel an, dass du den Sohn deiner Englischlehrerin vom Tode auferweckst, indem du sie um Verzeihung bittest?"
„Das war ein Unfall!"
„Und war es auch ein Unfall, dass du dich mit diesem Mädchen auf dem Klo eingesperrt hast, um es zu betatschen? Oder sagst du etwa, sie hat dich

verführt? Und dein Besäufnis vor einem Monat? Und deine Gleichgültigkeit zu Hause? Und deine Weigerungen zu gehorchen, wenn man dir etwas sagt? Und dein Schulverweis? Und deine Tour durch die Straßen die letzten Tage? Sind das alles Unfälle gewesen? Die sich alle in Nichts auflösen, indem du um Verzeihung bittest?"
Die Zurechtweisung erwies sich als noch grausamer und verletzender, weil sie die Wahrheit enthielt. Wäre sie ungerecht gewesen, hätte Saúl Argumente zu seiner Verteidigung gehabt. Aber sie war richtig. Und den Schmerz fühlend, wie die Scham aufgrund der Stimme seines Gewissens noch verstärkt wurde durch die Vorwürfe seines Vaters, verharrte er in absolutem Schweigen.
Doch er blieb nicht lange ruhig. Noch wie zerschmettert durch die Erniedrigung, traf er eine schnelle Entscheidung. Er drehte sich halb herum, bereit zu gehen.
„Wohin gehst du?"
„Ich gehe fort. Und ich werde niemals mehr in dieses Haus zurückkommen."
„Das glaubst du!" Und Papa ging hinter ihm her, um ihn am Arm festzuhalten. „Das, was du brauchst, ist nicht abhauen, sondern eine gehörige Tracht Prügel. Und du wirst sie bekommen, das versichere ich dir. Vielleicht fühlst du, dass du nicht mehr zu diesem Ort gehörst. Das ist logisch! Durch deine Dummheiten hast du alles verloren, einschließlich der Zuneigung deiner Eltern. Äh, du stinkst wie ein Schwein! Geh sofort hoch auf dein Zimmer und wechsele deine Kleider."
Saúl hob den Blick mit einem Anflug von Überheblichkeit und murmelte: „Du jagst mir keine Angst mehr ein, Papa!"
„Was?"
„Du bist abscheulich, und ich hasse dich."
Da verlor Papa die Nerven. Er hob die Hand, und mit all seiner Kraft gab er Saúl eine solch heftige Ohrfeige, dass dieser wie eine Stoffpuppe zu Boden fiel.
„Und du bist eine verfluchte Missgeburt! Du hättest nicht geboren werden dürfen. Sicherlich bist du nicht einmal mein Sohn." Er packte ihn an den Haaren und zog ihn erneut nach drinnen, ihn dabei zum Krabbeln zwingend. „Geh sofort hoch und wasch dich!"
Saúl fing wie ein Kind an zu weinen. Er hätte die Aggression mit guter Aussicht auf Erfolg erwidern können, er hätte sich von den Händen, die ihn an den Haaren zogen, befreien können, um sich zu verteidigen und wegzulaufen, ohne dass mein Vater die Möglichkeit gehabt hätte, ihn aufzuhalten. Aber stattdessen fing er an zu weinen. Nach einer Weile richtete er sich auf und gehorchte dem letzten Befehl, wie die tragische

Karikatur eines Menschen, wie ein düsterer wandelnder Toter. Als er an der Treppe ankam, drehte er sich um, um Papa anzuschauen. Und sein Blick war ein Hilferuf, für den es keine Worte gab, ihn hörbar zu machen, ein verzweifelter Schrei vom Rand des Abgrundes. Aber Papa wandte ihm nicht das Gesicht zu. Und falls er es doch gemacht haben sollte, war er viel zu erzürnt gewesen, um den Schmerz, die Pein und das düstere Wehklagen dieses letzten Schreis zu spüren, den menschliche Wesen durch ihren Blick aussenden, bevor sie sich vom Leben verab-schieden.

Mein Vater schaltete den Fernseher aus und schenkte sich ein Glas Whisky ein. Er wusste, dass das, was er gerade gemacht hatte, nicht gut war. Aber wie es wieder zurechtbiegen? Die Umstände hatten ihn dazu gezwungen. Außerdem musste er seinen Sohn mit harter Hand behandeln, wenn er ihm dabei helfen wollte, wieder zu sich selbst zurückzufinden. Er schenkte sich einen weiteren Drink ein und versuchte seine Gedanken zu beruhigen, um sich nicht weiter zu quälen. Die Ankunft seines Sohnes hatte einen bedauerlichen Verlauf genommen, aber er würde in Zukunft viel Zeit haben, ihm dabei zu helfen, wieder aus dem Loch herauszukommen. Und das würde er auch tun! Indem er das entschied, schenkte er sich ein drittes Glas Whisky ein.

Die Frauen brauchten noch ungefähr eine Stunde, bis sie zurückkehrten. Schließlich öffnete sich die Tür vorsichtig und leise.

„Da sind wir wieder, mein Schatz."

„Ich muss euch etwas sagen", kündigte mein Vater mit ernster und harter Stimme an. Meine Mutter und meine Schwester näherten sich ihm etwas verängstigt. „Saúl ist gerade gekommen. Ich habe ihn auf sein Zimmer geschickt. Ich möchte nicht, dass irgendjemand zu ihm geht, bis morgen. Er soll sich darüber bewusst werden, dass wir über das, was er gemacht hat, verärgert sind. Wir haben ja bereits ausführlich mit ihm geredet."

„Und wie ist er angekommen? Geht es ihm gut? Hat er schon gegessen? Er muss doch vor Hunger sterben!"

Mama, freudig erregt, machte sich energisch auf den Weg zum Zimmer ihres Sohnes. Aber Papa ging hinter ihr her und hielt sie am Arm fest.

„War es nicht deutlich, was ich gerade gesagt habe? Du und ich werden ihm alle Hilfe anbieten, die er benötigt, aber nicht heute!"

„Und warum nicht? Er braucht uns *jetzt*!"

„Da gibt es nichts zu diskutieren. Wir werden ihm keinen roten Teppich zur Begrüßung auslegen."

„Entschuldige, Schatz, aber selbst wenn wir ihm kein Fest bereiten, werde ich jetzt hochgehen und ihn willkommen heißen, auch wenn du anderer Meinung bist."

„Willkommen? Diese Nacht wird Saúl alleine in seinem Zimmer bleiben müssen, damit sich in ihm die Erkenntnis festigen kann, was sein Heim wert ist."
„In Saúl hat sich bereits gefestigt, so viel sich festigen konnte, und ich versichere dir, dass er bereits mehr Zeit alleine war, als gut für ihn ist."
„Warum musst du mir in allem Kontra geben? Wenn ich weiß sage, sagst du schwarz. Was ist gerade mit dir los?"
„Und was ist mit dir los? Ich gehorche dir mehr, als du mit deinen beschränkten Anschauungen verdienst."
„Was hast du gesagt? Sag das noch einmal."
„Dass du ein sturer Dummkopf bist. Dass deine ganze Familie Angst vor dir hat. Keinen Respekt, sondern Angst! Die Angst, die man vor einem ungerechten Tyrannen verspürt. Ich bedaure sehr, aber ich gehe jetzt nach Saúl schauen."
Papa drückte ihr das Handgelenk mit der Kraft eines Menschen, der vor Zorn außer Kontrolle ist.
„Wenn du das machst, wirst du das dein ganzes Leben bereuen. Fordere mich nicht heraus, ich warne dich."
„Aber Schatz ... "
Und meine Mutter fing an zu weinen. Es fehlte ihr der letzte Ruck, um ihren Sohn zu retten. Sie verlor mit einem Male alle Luft und gab auf, wo eine letzte Anstrengung gereicht hätte. Aber wozu ausgereicht? Weder sie noch sonst irgendjemand ahnte, wie tief das Selbstwertgefühl meines Bruders beschädigt war. Auf der anderen Seite konnte sie leicht die latente Gefahr wahrnehmen, ihrer ehelichen Beziehung derart zu schaden, wie sie es vorher nie gemacht hatte. Sich weiter zu widersetzen, hätte womöglich extreme Folgen gehabt. Und wie das Schreien ihres Mannes übertreffen? Noch lauter schreien. Und wie sich aus der Umklammerung der Hand befreien, die sie am Handgelenk festhielt? Ihren Ehemann stoßend, beißend, ohrfeigend. Und das alles vor Laura. Und dann, was dann? Eine weitere Steigerung würde ihre Ehebeziehung, die sie so viele Jahre unter nicht wenigen Opfern erhalten hatte, höchstwahrscheinlich unheilbar beschädigen.
Sie setzte sich auf die Treppe und bedeckte mit beiden Händen ihr Gesicht. Laura, die diese Szene nicht ertrug, ging nach oben, um sich in ihr Zimmer einzusperren. Es bestand keine Notwendigkeit, sie darauf hinzuweisen, dass auch sie keine Erlaubnis hatte, ihren Bruder zu begrüßen.
Die Diskussion war dermaßen heftig gewesen, dass sie Saúl sicherlich von seinem Zimmer aus gehört hatte und ihn verstehen ließ, dass seine Anwesenheit Gereiztheit und unnötigen Streit verursachte. Vielleicht war das der Tropfen gewesen, der das Gefäß zum Überlaufen brachte, vielleicht

war das Gefäß auch schon vorher übergelaufen. Wer weiß? Niemand aß zu Abend in dieser Nacht. Zum ersten Mal in ihrem Leben traute sich Mutter, das zu tun, was sie sich am meisten wünschte: Papa zu ignorieren beziehungsweise barsch zu behandeln. Sie vermied es, mit ihm auch nur ein einziges Wort zu sprechen und weinte stundenlang in ihrem Bett, bis sie endlich Schlaf fand.

Papa schlief nicht. Er konnte sich nicht den Luxus erlauben, nachgiebig zu werden in seiner vormundschaftlichen Führung. Nicht mit Saúl!

Trotzdem, etwas in seinem tiefsten Inneren sagte ihm, dass das, was er gemacht hatte, falsch gewesen war.

Um drei Uhr morgens stand er auf in der Absicht, nach seinem Sohn zu sehen. Er versuchte so wenig wie möglich Lärm zu machen. Wenigstens musste er sich Gewissheit verschaffen, dass er nicht schon wieder abgehauen war. Er überquerte leise den Gang, der sein Zimmer von dem der beiden Jungen trennte, und trat vorsichtig ein. Papa schaltete das Licht ein, und sein Gesicht verkrampfte sich in einer Miene der Verwunderung und Zorn. Saúl war nicht da. Verflucht! Nicht einmal das Bett war verknittert. Verflucht, verflucht, verflucht! Er war wieder abgehauen! Er schlug voller Wut mit der Faust an die Wand und drehte den Kopf, verstört atmend, nach irgendeiner Spur suchend. Das Blut gefror ihm in den Adern, als er durch einen Spalt in der Werkzeugkammer Licht sah. Hatte sich Saúl etwa dort versteckt? Oder war ein Einbrecher eingestiegen? Das Erste war absurd, denn der Raum war kalt und schmutzig. Das Zweite eigentlich noch mehr, da sich Diebe normalerweise nicht für Sägen, Flaschenzüge, die von einem Balken hingen, der eine Zwischendecke trug, gebrauchte Reifen und Kisten mit Nägeln und Schrauben interessierten, was das Einzige war, das es dort gab.

Er stieg vorsichtig die schmale Treppe hinunter, nicht fähig, ein plötzliches Zittern in den Knien zu kontrollieren, und fühlte seinen trockenen Mund und sauren Speichel. Als er an der Tür ankam, zögerte er einige Sekunden: Sie war halb geöffnet, wo er sie doch immer geschlossen hielt! Vielleicht war er zu waghalsig gewesen, unbewaffnet herunterzusteigen, aber er hatte die Vorahnung, dass, auch wenn an diesem Ort eine große Gefahr herrschte, sie nicht für ihn war.

Er öffnete die Tür, die wie gewöhnlich ein leichtes Knarren von sich gab. Der Raum mit dem, was er vorfand, ließ ihn die Hände heben und den Mund mit allen seinen Kräften aufreißen, fühlend, dass ihm seine eigene Seele in einem Schrei entwich.

Saúl war da, direkt vor ihm hängend am Balken mit den Flaschenzügen, erhängt mit seinem eigenen Ledergürtel.

Ein eisiger Dolch drang in diesem Augenblick bis ins Tiefste der Eingeweide meines Vaters und lähmte ihn. Mit seinen verkrampften Fingern versuchte er sich die Haare auszureißen, aber er erreichte lediglich, dass er sich sein tumbes verblüfftes Gesicht grausam zerkratzte. „Neiiiiiiiiiiiiiin! Nein! Nein! Nein! Nein, nein ... nein ...", schrie er, während der am Hals aufgehängte Körper seines Sohnes sich leicht in der Luft drehte.

Papa überwandt die Lähmung, welche die Verwirrung in ihm verursacht hatte, und lief, um Saúl abzuhängen, schreiend, keuchend, fast umkommend vor Schmerz. Nachdem er ihn auf den Boden gelegt hatte, wollte er ihn wiederbeleben, aber sein Sohn war leblos und hatte bereits begonnen, kalt zu werden.

Papa hatte das letzte Mal geweint, als er kaum zehn Jahre alt gewesen war. Er hatte es niemals wieder gemacht ... bis zu dieser Nacht. Er vergoss über seinem toten Sohn die Tränen, die er während eines ganzen Lebens, in dem er sich stark gegeben hatte, angesammelt hatte. Sein Jammern war dermaßen schrecklich, dass er glaubte, an seinen eigenen Klagen zu ersticken, aber das war ihm egal. Als er den Kopf hob, konnte er Mama ausmachen, die im Eingang der Abstellkammer stand, das Ganze betrachtend. Er sah Laura nicht, die auch da war.

Mama hörte man nicht schreien. Ihre Reaktion war gegenteilig, da wahrscheinlich der Riss in ihrem Geist so tief und schmerzlich war, dass er alle Qualen übertraf, die ein bewusstes menschliches Wesen fähig war zu ertragen und folglich auch zu äußern. Sie war wie erlahmt, mit einem Anflug von Schmerz im Gesicht, aber ohne sich zu bewegen.

Dann erhob sich Papa, plötzlich übermannt von einem unaussprechlichen Zorn. Er stieg taumelnd die Treppe hoch. Papa begann, die Möbel zu zerstören, schlug Bücherwände ein, Vitrinen und Spiegel, zerbrach Gläser mit der Faust. Er schlug sich so oft den Kopf gegen die Wand, bis er das Bewusstsein verlor und blutend auf den Teppich fiel.

Von diesem Moment an bis lange nach diesem schrecklichen Ereignis, hörte Laura nicht eine Minute auf zu weinen. Mama, definitiv in ihrem Denkvermögen beeinträchtigt, konnte kein einziges Wort sprechen. Von daher war es erstaunlich, dass sie an dem auf die Beerdigung folgenden Tag die nötige Klarheit besaß, ihre Sachen zu packen und ins Haus ihrer Schwester Lucy zu ziehen, mit der Absicht, sich für immer von Papa zu trennen.

Frühmorgens brachten sie den Körper Saúls weg, um an ihm eine Autopsie durchzuführen. So sehr man auch die Zuständigen flehentlich gebeten hatte, sie blieb ihm nicht erspart. Der Gerichtsmediziner informierte uns später über etwas ziemlich Groteskes und Unangenehmes, das ich erst versucht war beim Aufschreiben dieser Erinnerungen wegzulassen. Sie entdeckten bei meinem Bruder Spuren einer Geschlechts- Infektion, die er sich kürzlich zugezogen hatte. Als mein Vater das erfuhr, ging es ihm so schlecht, dass wir für einen Moment fürchteten, er könnte dem Schritt seines Sohnes folgen und die gleiche Gräueltat begehen. Papa verließ die Einrichtung, wo die sterbliche Hülle meines Bruders aufbewahrt wurde, um mich zu suchen. Als er bei der Konferenz ankam, hatte er die Hoffnung, Balsam für seinen Schmerz zu finden, aber es wurde im Gegenteil noch schlimmer. Er kam rechtzeitig, um fast alles zu hören, was zu den Gesetzen der Regeln der Disziplin und der wahren Kommunikation erklärt wurde. Durch den Vortrag wurde ihm klar, wie einfach es gewesen wäre, Saúl mit einer kräftigen Umarmung willkommen zu heißen, das Haar zu streicheln und ihm gegenüber die Freude zu äußern, die ihm seine Rückkehr bereitete. Aber während der Ausführungen wurde er sich auch bewusst, dass es ihm niemals leicht gefallen war, seine Gefühle zu zeigen, und noch weniger, auf tiefem Niveau zu kommunizieren.

Niemand der bei der Konferenz Anwesenden hatte sich vorstellen können, dass die Sitzung dieses Tages mit den herzzerreißendsten und härtesten Sätzen enden würde, die jemals der Vater eines toten Jugendlichen sagen könnte. Sätze, die mir, obwohl viele Jahre später, beim Niederschreiben Tränen der Traurigkeit und Frustration in die Augen treiben:

Mein Sohn hat sich heute Nacht umgebracht. Er hat nicht einmal eine Nachricht hinterlassen. Er hatte es genauso wenig gelernt, sich mitzuteilen.

17. WIEDERTREFFEN

Am nächsten Tag wurde das Seminar für die Eltern nicht fortgesetzt, wie es ursprünglich geplant gewesen war. Der Schulleiter, seine Frau, viele Lehrer, Schüler und Eltern kamen zum Begräbnis.
Im Lauf meines Lebens habe ich an einer ganzen Reihe von Beisetzungen teilgenommen, und obwohl bei allen ganz offensichtlich eine traurige Stimmung herrschte, erinnere ich mich an keine dermaßen bedrückende und düstere wie jene. Es ist ein gewaltiger Unterschied, einen alten Menschen zu Grabe zu tragen, der etwas aufgebaut und die Höhen und Tiefen eines ganzen Lebens erfahren hat, oder dies mit einem Jugendlichen zu tun, der willentlich und unnötigerweise seine Existenz verkürzt hatte. Im ersten Fall verspüren die Trauernden gewöhnlich eine gewisse Ruhe und Bereitschaft zum Hinnehmen der Realität, wenn erst einmal das Begräbnis stattgefunden hat. Im zweiten jedoch nicht. In unserem Fall war die Stimmung mit einem unglaublichen und unbeschreiblichen Schmerz beladen, der nach Abschluss des Geschehens nicht weniger wurde, sondern eher noch zunahm.
Die Tage im Anschluss an die Beerdigung waren höllisch. Laura ging mit Mama weg. Papa und ich blieben alleine im Haus zurück, aber sprachen kaum ein Wort miteinander. Er konnte die Anwesenheit von niemandem ertragen, also entließ er unser Hausmädchen und erbat sich im Krankenhaus die Genehmigung für einen Erholungsurlaub.
Unser Heim verwandelte sich in einen Ort des Schmutzes, der Eiseskälte und Trostlosigkeit. Weder Papa noch ich machten die geringste Anstrengung, die Bücherwände wieder aufzustellen oder die zerbrochenen Scheiben zu reparieren. Wir trampelten einfach über sie hinweg. Keiner nahm einen Lappen in die Hand. In der Küche häuften sich die Abfälle, und es sammelten sich dort Schmutz und Fliegen, auf den Möbeln der Staub, in den Kleiderkammern die schmutzige Wäsche.
Sahian rief mich an, und es war angenehm, den Apparat ein ums andere Mal lang anhaltend läuten zu hören, obwohl ich nicht abnahm. Sie kam auch einige Male vorbei, aber ich öffnete ihr nicht.

Als ich eines Tages die Situation nicht länger ertrug, badete ich und rasierte mich, zog mir frische Kleider an und verließ das Haus, um meine Freundin aufzusuchen. Sie empfing mich mit großer Verwunderung und Freude.
„Was hast du die ganze Zeit gemacht, Gerardo? Ich habe dich dauernd gesucht. Sind dein Vater und du umgezogen?"
„Nein, wir sind im Haus geblieben, in totaler Depression."

„Aber das ist doch nicht möglich! Habt ihr etwa zwei Wochen im Dunkeln verbracht, mit ausgeschalteten Lichtern und zugezogenen Vorhängen?"
Ich nickte. „Hast du Laura und meine Mutter besucht?"
„Ja." Sie senkte den Blick. „Auch ihnen geht es nicht gut. Ich bin fast täglich zu ihnen gegangen. Deine Tante Lucy hat mich um Hilfe gebeten. Laura hat sich fast vollständig erholt, aber deine Mutter ... "
Sie brach ab. „Was ist mit meiner Mutter?, drängte ich. „Es kann doch wohl kaum etwas Schlimmeres geben als das, was passiert ist?"
„Ich fürchte doch." Sahian hob unentschlossen die Schultern. Es schien, als wüsste sie nicht, wie sie ausdrücken sollte, was sie mir sagen musste. „Der Tod von Saúl ist lediglich der Anfang einer Kette von schrecklichen Dingen, die gerade beginnen. Wenn du nichts tust ... "
„Aber wie geht es meiner Mutter?"
„Bleich, abgemagert, grauhaarig, mit denselben Kleidern wie seit Tagen. Und noch schlimmer. Etwas, das deine Tante Lucy mir nicht hat sagen wollen. Aber ich habe den Eindruck, dass sie psychiatrische Hilfe benötigt. Deine Mutter verändert sich, Gerardo. Bitte wach auf und mach etwas!"
Ich fühlte mich niedergeschmettert. Das Elend war bereits zu schlimm, um noch größer zu werden.
„Was kann ich denn tun?"
„Sorge dafür, dass dein Vater sie besuchen geht. Einzig allein Laura und du können ein Wiedertreffen in die Wege leiten. Und glaube mir: Wenn sich deine Eltern nicht versöhnen, wird das Unglück euch alle erdrücken."
„Ich glaube nicht, dass ich das kann."
„Das ist *dein* Problem."
Ich beobachtete meine schöne Freundin mir gegenüber und fühlte mich dermaßen durch den Frieden in ihren Augen angezogen, dass ich mich ihr näherte.
„Hilf mir, Sahian. Bitte!"
Dann umarmte ich sie, und sie umarmte mich. Wir blieben einige Sekunden eng umschlungen. Die Wärme ihres Körpers begann, langsam die Vereisung meiner Seele aufzutauen.
Ich wollte ihr mein tiefstes Inneres öffnen, von der großen Pein erzählen, die mein ganzes Sein überschwemmte, vom Fehlen der Luft in unserem Haus, davon, dass ich entsetzlich müde war, aber nicht schlafen wollte, dass ich Hunger und Durst verspürte, aber auf nichts Lust hatte, von dem unaufhörlichen, stechenden Schmerz, der im empfindsamsten Teil meines Wesens eingeschlossen war, von der anhaltenden, krankhaften Menschenfeindlichkeit meines Vaters. Und schließlich von der schrecklichen paranoiden Angst, die uns meinen Bruder hinter jeder Tür sehen ließ, die wir öffneten.

Ich löste mich ein wenig von ihr, um all das zu erzählen, aber stattdessen bildeten sich ganz andere Worte:
„Ich wollte dich schon lange etwas fragen."
Sie schaute mich fest an, als ob sie erwartete, dass ich ihr etwas von höchster Wichtigkeit mitteilte. Und so war es auch:
„Willst du meine Freundin sein?"
„Sagst du das im Ernst? Wie kannst du *jetzt* an so etwas denken?"
„Ich denke daran, seit ich dich kenne. Und genau *jetzt* ist der Moment, in dem ich absolut sicher bin. Ich frage nicht deshalb, weil du mir gerade hilfst, aus dem Morast herauszukommen – und auf diese Weise! –, sondern weil du mir wirklich gefällst, und vor allem, weil ich dich sehr mag. Wenn ich eine Lebensgefährtin für mein ganzes Leben auszuwählen hätte, würde ich keinen einzigen Moment zögern: Ich würde dich wählen."
Sie schwieg und senkte den Blick. „Was hältst du davon? Wenn die Situation sich wieder gefestigt hat, haben wir viel Zeit, um darüber zu sprechen."
Oh, mein Gott, wie süß und wunderbar sie mir erschien.
„Ja", gab ich zu, „du hast recht."
Und damit wechselten wir das Thema.
„Weißt du", sagte sie, „Direktor Yolza hat die Präsentation des fünften und letzten Gesetzes mehrere Tage zurückgestellt und wartet darauf, dass ihr wieder teilnehmen könnt. Meine Eltern und ich waren anwesend, als er es dann erklärte. Du kannst dir nicht vorstellen, wie einschlagend die Wirkung war. Das Thema der spirituellen Weiterentwicklung war kraftvoller als alles andere, was er vorher gesagt hatte."
„Wie schade, dass wir nicht kommen konnten."
„Warum sprichst du nicht mit ihm? Vielleicht hilft er uns, deine Eltern wieder zu versöhnen."
„Vielleicht."
„Gerardo. Im Rahmen der letzten Veranstaltung hat uns Herr Yolza Karten ausgeteilt, die die vorgestellten Gesetze in fünf kurzen Abschnitten zusammenfassen. Mir schien das eine sehr gute Gedächtnisstütze zu sein, und so habe ich ihn um eine zusätzliche für dich gebeten."
„Wirklich?"
Sie antwortete mir nicht, ging stattdessen ins Haus und kam bald darauf wieder zurück.
„Hier ist sie. Der Direktor hat uns ans Herz gelegt, die Prinzipien mit Hilfe dieser kurzen Sätze auswendig zu lernen und sie für immer wortwörtlich im Gedächtnis zu behalten."
Ich schaute die kleine feste Plastikkarte an, die mit kursiven Buchstaben bedruckt war.

Sie war gut geeignet, um sie in einer Brieftasche aufzubewahren.
Damals in jenem Moment habe ich die Karte nicht gelesen. Aber später, als ich die auf ihr zusammengefassten Konzepte gut kannte, war mir die einfache und kurze Darstellung in Form von Merksätzen Leitfaden für eine umfassende Weiterentwicklung, nicht nur familiär, sondern ganz besonders persönlich.
Ich muss außerdem erwähnen, dass die besten und wichtigsten Entscheidungen sowie die vorteilhaftesten und weitreichendsten Handlungen meines Lebens auf ganz entscheidende Weise von diesen fünf Merksätzen geleitet worden waren.

Auf der Karte stand:

I. BEISPIELGEBEN
Wenn ich von Nutzen sein will für die Welt und die Menschen, die mich umgeben, werde ich damit beginnen, MICH SELBST weiterzuentwickeln, und zwar mit Beständigkeit und Beharrlichkeit.

II. BEDINGUNGSLOSE LIEBE
Ich werde meine Mitmenschen unabhängig ihrer Geschicke oder Fehler lieben. Ich werde sie annehmen, ohne sie zu beurteilen, und mich vor allen anderen für meine/-n Lebensgefährten bzw. -gefährtin einsetzen.

III. DISZIPLIN
Ich werde einen Kodex von Regeln aufstellen, die mich auf dem Weg der Arbeit und der Rechtschaffenheit leiten, und sie genauestens beachten.

IV. WAHRE KOMMUNIKATION
Ich werde gegenüber den Menschen, die ich liebe, keine Masken aufsetzen. Ich werde ihnen mein Innerstes darbieten und zu ihnen regelmäßig mit dem Herzen sprechen.

V. SPIRITUELLE WEITERENTWICKLUNG
Ich werde in Verbindung mit Gott leben und immer aufnahmebereit für seine unendliche Liebe sein

„Meinst du, dass Yolza bereit ist, ins Haus von Tante Lucy zu kommen, um mit Mama zu reden?"
„Glaubst du etwa nicht?"

Die letzten Worte hatten wir mit weichen und leisen Stimmen gesprochen, da wir wegen der Nähe unserer Körper nicht lauter sprechen mussten. Sahian war mit dem Rücken gegen den Zaun ihres Hauses gelehnt, und ich stützte mich mit der rechten Hand ebenfalls darauf, den Arm über ihre Schulter geführt. Plötzlich wurden wir uns dieser ungewöhnlichen Stellung bewusst. Wir waren ganz natürlich dazu gekommen, ohne uns darüber klar gewesen zu sein. Es war nicht nötig, dass Sahian mir antwortete, ob sie meine Freundin sein wolle oder nicht. Die Schwingungen sprachen offen und ehrlich für sich selbst. Eingehüllt in den Dunst von Süße und Liebe ließen wir uns von einer gleichsam magnetischen Anziehungskraft langsam aufeinander zu bewegen, und quasi wie von selbst trafen sich unsere Lippen in einem warmen Kuss, weich, aber leidenschaftlich, voller Sinnlichkeit und seelischer Tiefe. Ein Kuss, der den Beginn einer Liebe darstellte, wie ich sie mir für mein Leben nie erträumt hatte.

Als ich zu Hause ankam, ging ich sofort zum Zimmer von Papa hinauf. Ich traf ihn in einem Zustand schrecklicher Verzweiflung an , versunken in einem Sessel. Sein Anblick erfüllte mich mit so großem Schmerz, dass ich nicht anders konnte, als ihn an der Hand zu nehmen und ihn inständig, aber mit fester Stimme anzuflehen: Die Dinge könnten nicht so weitergehen, Mama brauchte Hilfe, er dürfe sich nicht von dem Geschehen besiegen lassen, er hätte noch zwei Kinder, die unbedingt leben möchten, und er sei der Einzige, der dazu in der Lage sei, uns diese Möglichkeit weiterhin zu geben.
Ich erzählte ihm von unserem Plan, uns im Haus von Tante Lucy zu treffen. Alles wäre vorbereitet: Meine Tante würde mit ihrem Mann und ihren Kindern am nächsten Freitagabend ausgehen und uns alleine lassen, damit wir miteinander reden könnten. Sahian würde sich mit Laura ins Benehmen setzen und mit ihr die Einzelheiten planen.
Es war leichter, als ich geglaubt hatte.
Papa akzeptierte ohne Diskussionen, zu dem Treffen zu gehen. Er, mehr als jeder andere, brauchte das Verzeihen seiner geliebten Menschen und dringendst einen Vorstoß zur Rettung seines Ehelebens.
Zum ersten Mal nach drei Wochen der Spaltung würde sich meine Familie wieder zusammenfinden.

Es war sieben Uhr abends, als Papa und ich an die Tür klopften.
Wir beide waren nervös. Sehr nervös.
Laura öffnete uns und warf sich zärtlich in die Arme ihres Vaters. Danach in meine.
Wir gingen ins Wohnzimmer und setzten uns.
Laura hatte im Haus aufgeräumt. Weder Onkel, Tante noch Neffen waren anwesend, so dass man nicht das geringste Geräusch hörte.
„Ich komme gleich wieder. Ich gehe sie holen."
„Sag ihr aber nicht, dass wir es sind."
„Natürlich, da habe ich auch dran gedacht. Tante Lucy hat versehentlich den Herd angelassen, und ich weiß nicht, wie ich ihn ausschalten soll", zwinkerte sie uns mit einem Auge zu.
Nach wenigen Minuten kam Mama aus ihrem Zimmer und ging durch das Wohnzimmer direkt zur Küche, ohne unsere Anwesenheit zu bemerken.
„Der Herd ist doch abgeschaltet, Laura. Was ist los mit dir? Warum hast du mich hinunterkommen lassen...?
Und ihr Blick verfing sich in unseren Blicken.
Sie blieb stehen und schaute uns mit Augen voller Ärger an.
Dann erschien Laura, und Mama machte ihr sofort Vorwürfe. „Was hast du dir dabei gedacht, dumme Göre?"
„Sie wollen mit dir sprechen."
„Ich habe ihnen nichts zu sagen."
Wir standen auf und näherten uns den beiden Frauen ein wenig.
„Wir müssen klären, was mit der Familie geschehen soll", sagte Papa.
„Klären? Mach dich nicht lächerlich! Das Einzige, was wir klären müssen, sind die Umstände, damit ich niemals wieder zu dir zurückkehren muss."
„Glaubst du, dass es mich begeistert, dich aufzusuchen? Du bist ein hysterisches und nachtragendes Weibsbild."
„Und du bist ein Mörder."
Dieses Wort ließ meinen Vater in seiner Bewegung gefrieren und hob seinen Adrenalinspiegel in einem Maße, dass seine Augen aus ihren Höhlen zu quellen schienen.
„Wir beide haben Schuld daran, dass Saúl tot ist. Du hast genau gesehen, wie er allmählich abgebaut hat, aber hast nichts für ihn getan."
„Aber du hast ihn getötet."
„Halt den Mund!"
Mama hielt auf ganz erschreckende Art und Weise ihren Blick auf meinen Vater gerichtet. Papa kehrte ihr den Rücken zu und ging Richtung Tür.
Laura und ich wechselten ängstliche Blicke.
Warum brauchten die Yolzas so lange, bis sie kamen?
Meine Mutter hatte nicht mehr dieselben Kleider an wie seit Tagen. Sie sah

aus, als hätte sie gerade erst etwas für sich abgeschlossen, wirkte aber fest wie eine Eiche. Auch Papa war aus seinem inneren Gefängnis herausgetreten und wirkte entschlossen, den Weg zu anderen Bäumen anzugehen, die nicht so knackten.
Aber es war zwecklos. So würden sie sich niemals versöhnen. Und damit wäre meiner Familie das Ende beschieden.

Die Klingel!

Laura rannte nach draußen, an Vater vorbei, der gerade dabei war zu gehen. Mein Herz begann heftig zu schlagen. Noch gab es eine klitzekleine Möglichkeit.
Von der Türe her kündigte meine Schwester mit großer Freude, in die sich etwas Angst mischte, an:
„Wir haben Besuch. Treten Sie ein, treten Sie ein. Wir haben auf Sie gewartet."
Es war keine Zeit, irgendetwas zu erklären.
Tadeo Yolza und seine Frau Helena traten mit großer Ungezwungenheit ein.
Sie waren nicht formell gekleidet, aber elegant.
Die Frau war nicht ausgesprochen hübsch, ihre besondere und nette Ausstrahlung jedoch gab ihr ein attraktives Aussehen. Sie waren ein schönes Paar.
„Guten Abend, Frau Hernández."
„Guten Abend", lächelte meine Mutter pikiert.
„Es sind der Direktor meiner Schule und seine Frau", erklärte ich. „Kennst du sie?"
Sie bestätigte.
„Setzen Sie sich bitte und fühlen Sie sich wie zu Hause."
Laura nahm Papa an der Hand.
Die Atmosphäre hatte sich in extreme Spannung verwandelt, aber Yolza gab sich sehr natürlich und begann mit Vater eine Unterhaltung, als wäre er ein guter Freund, und für diesen hätte es keine bessere Medizin geben können als mit jemandem zu reden.
„Möchten Sie etwas trinken?", fragte Laura aufmerksam.
„Etwas zur Erfrischung wäre gut."
„Ich werde Ihnen helfen, die Getränke zu servieren, Frau Hernández."
Helena Yolza war bereits aufgestanden.

Und für meine Mutter hätte es keine bessere Medizin geben können als in die Küche zu gehen und die Getränke zuzubereiten.

18. DAS GESETZ DER SPIRITUELLEN ENTWICKLUNG

EINE RELIGION DER LIEBE MUSS DIE BASIS DER FAMILIE BILDEN. NUR DIE ENGE UND BESTÄNDIGE BEZIEHUNG ZU GOTT KANN ZU INNEREM FRIEDEN FÜHREN.

Die Stimme von Helena Yolza klang im Raum noch einige Sekunden nach.
Ich war mir darüber im Klaren, dass wir dabei waren, ein Sperrgebiet zu betreten, aber die Eingeladenen waren deshalb gekommen: uns wachzurütteln und mit Themen zu konfrontieren, die wir normalerweise zu vermeiden versuchten.
Meine Eltern, *brauchten dringend das Gespräch mit Gott,* ob sie wollten oder nicht.
Wir saßen alle um den Tisch in der Mitte des Wohnzimmers.
Mit großer Geschicklichkeit hatten sich Tadeo und seine Frau ganz allmählich diesem Gesprächsthema genähert, bis sie dort angekommen waren, wohin sie wollten. Die Stimmung war jetzt eher gehemmt als gespannt.
Meine Eltern hätten lieber nicht an dieser Unterhaltung teilgenommen, aber aus Höflichkeit fühlten sie sich dazu verpflichtet. Auch mir gefiel dieses Thema nicht besonders. Allerdings vertraute ich blind darauf, dass Direktor Yolza wusste, was er machte.
„Glauben Sie an Gott?", fragte er.
Schweigen. Alle hatten ihren Blick fest auf den Tisch gerichtet.
„Nur ein sehr kurzsichtiger Mensch kann argumentieren, die unbegreiflichen und perfekten Wunder des Kosmos hätten sich „von selbst" gebildet", erklärte Yolza, unser Schweigen als Unentschlossenheit interpretierend. „Die großartigen Organe unseres Körpers, das außergewöhnliche Leben der Pflanzen und Mikroorganismen, die allgemeine Gültigkeit und Reinheit der physikalischen, chemischen und kosmischen Gesetze, das elegante Zusammenspiel und Funktionieren der Ökosysteme, die Erhabenheit der Planeten, der Galaxien, des Universums, die ganze gigantische Schöpfung kann nicht aus reinem Zufall existieren. Mit der wissenschaftlichen Erforschung dieser unerklärlichen Perfektion wurde sich der Mensch seiner Kleinheit immer mehr bewusst."
„Das alles ist nichts anderes als die „Mutter Natur", unterbrach Papa, einen Schluck aus seinem Glas nehmend. Er versuchte das Thema an der Oberfläche zu halten.
„Wenn Sie es so nennen wollen, gut. Aber unbestreitbar steckt hinter dieser *Mutter* eine große Weisheit. Ermöglicht hat diese prachtvolle Natur eine

unendlich höhere Intelligenz, die all das, was wir um uns herum sehen, entworfen und in Gang gesetzt hat. Der Zufall kann das nicht bewirkt haben. Wenn das Wort „unmöglich" seine Berechtigung hat, dann in diesem Fall. Nur ein Dummkopf kann etwas so Offensichtliches verleugnen."

„Warten Sie", erwiderte Vater, „ich verstehe, dass es eine unendlich höhere Intelligenz geben muss, die alles, so wie es existiert, organisiert hat, aber das bedeutet doch noch lange nicht, dass wir eine Religion brauchen, oder?"

„Wir werden nicht von Religion sprechen, da viele Erwachsene irrtümlicherweise dieses Wort mit „Manipulation" verbinden, sondern von Gott. Und nicht nur seine Schöpfung ruft uns zu, dass Er existiert. Tief in uns spüren wir einen Antrieb, das zu machen, wozu wir geschaffen wurden. Nichts bringt dem Menschen mehr Frieden als die Liebe zu praktizieren, nichts mehr Vergnügen als eine schöpferische Tätigkeit auszuüben, nichts mehr Freude als mit Wahrheit, Ehrlichkeit und Bereitschaft zum Verzeihen zu handeln. Die Empfindungen im Inneren unseres Seins, zum Beispiel beim Vergleichen der Zufriedenheit, Gutes zu tun, mit der Unruhe, Schlechtes zu machen, und vor allem beim Nachdenken über unsere natürliche Veranlagung, uns in Richtung Perfektionierung zu entwickeln, können uns noch besser von der Anwesenheit Gottes überzeugen."

„Was hat das Ganze denn mit uns zu tun?", beschwerte sich Mama genervt und warf einen Blick auf ihre Uhr. „Sie wissen sicherlich, dass in dieser Familie gerade ein großes Unglück passiert ist. Etwas sehr *Reales*, Herr Direktor. Gott gehört einer anderen Dimension an. Mit Ihm zu sprechen wird uns bei überhaupt nichts helfen."

„Da irren Sie sich, meine Dame. Das Problem eines jeden Mitgliedes dieser Familie ist eine ernsthafte Erkrankung der Seele, die durch menschliche Arzneimittel nicht geheilt werden kann. Wenn Sie das wünschen, werden meine Frau und ich sofort ihr Haus durch die Tür verlassen, durch die wir es betreten haben, um Sie nicht weiter zu belästigen, und danach können Sie sich an die Philosophie, die psychoanalytische Therapie oder an astrologische Ratgeber wenden. Aber nichts davon wird Sie heilen. Sie bekommen lediglich palliative Mittel, die den Schmerz im Moment wegnehmen können. Wenn die Wirkung dieser Schmerzmittel nachgelassen hat, wird die Krankheit wieder auftauchen, und zwar aus noch tieferen Schichten Ihres Seins und nun noch schlimmer. Sie können dieses Thema tausendmal hin und her wenden, früher oder später werden Sie verstehen, dass Gott die einzige Kraft ist, die Sie aus dem Loch herausholen kann, in dem Sie sich befinden."

Er streckte die linke Hand in Richtung seiner Frau Helena, und diese, als ob sie die Absichten ihres Ehemannes erraten hätte, reichte ihm eine kleine Bibel, die sie in ihrer kleinen Handtasche mitgebracht hatte.
Der Schulleiter blätterte in ihr wie jemand, der genau weiß, was er sucht, und las:
„Als die Pharisäer Jesus fragten, wo sich das Himmelreich befände, sagte Er ihnen: *'Das Himmelreich wird nicht in sichtbarer Form zu Euch kommen. Man wird nicht sagen, es sei hier oder dort, aber mit Sicherheit kann ich Euch sagen, dass sich das Himmelreich HEUTE bereits unter Euch befindet.'* (Lukas 17, 20). Er hob langsam das Buch. „Wissen Sie, was das bedeutet?", fragte er. „Es bedeutet, dass Gott eine lebendige Präsenz in unserem Leben ist, dass Er nicht einer anderen Dimension angehört, sondern dass Er für all diejenigen anwesend ist, die mit Ihm eine persönliche Beziehung eingehen wollen."
„Warten Sie", unterbrach Mutter ein weiteres Mal, die vorangehende Bemerkung übergehend und den Anschein gebend, von diesem Diskussionspunkt belästigt zu sein. „Es ist nicht akzeptabel, dass uns ein Gott der Liebe, der, wie Sie behauptet haben, in jedem Moment unseres Lebens anwesend ist, so viel Leid schickt." Und ohne den Klang der Verzweiflung vermeiden zu können, fügte sie hinzu: „In welchen Kopf passt die Annahme, ein liebender Vater könne erlauben, was er in meinem Haus zugelassen hat?"
Yolza merkte, dass sich Mama nicht nur um des bloßen Protestierens willen beschwerte. Hinter ihrer überheblichen Art verbarg sich die verzweifelte Suche nach logischen Gründen für diesen Schmerz, der sie so unbegreiflicherweise immer mehr zerstörte.
„Seien wir realistisch, Frau Hernández. Weder Sie noch sonst irgendjemand kann begreifen, dass es trotz der Gottesliebe Leid gibt. Nur sind unsere Maßstäbe nicht Seine und Sein Urteil nicht unseres. Wenn etwas Unerwünschtes passiert, suchen wir die Schuld bei Ihm, aber das Leid ist nicht Ursache seines Willens, sondern Folge unsere Verletzungen seiner Gesetze. Er hat uns Freiheit gegeben, und indem wir sie ausüben, gut oder schlecht, säen wir, was wir später ernten. Wenn Sie einen Stein durchs Fenster werfen, werden Sie ihn nicht in seinem Fall aufhalten können. Gott hat die GESETZE erschaffen, meine Dame, die uns zur Verfügung stehen. Aber wenn irgendjemand sie herausfordert, willentlich oder nicht, zum Beispiel jenen Stein durchs Fenster werfend, wird er die Konsequenzen zu erleiden haben. Das ist alles."
„Und wenn Er uns liebt, warum verhindert Er dann nicht "das Erleiden der Konsequenzen?"
„Weil es unsere einzige Möglichkeit ist zu lernen und zu wachsen."

Er blätterte erneut in der Bibel und las: *„Eine uns korrigierende Erfahrung ist sicherlich kein Anlass für Glück, sondern für Traurigkeit, aber später wird der Schmerz für die Gläubigen zu einem Leben des Friedens und der Rechtschaffenheit führen"* (Brief an die Hebräer, 12, 11). Verstehen Sie das? Der Tod von Saúl hat keinerlei Sinn, wenn er Sie nicht zu einer radikalen Wandlung veranlasst. *Sie müssen diesen Schmerz erleiden, damit Sie durch das, was ihm passiert ist, jenes Leben des Friedens erlangen, das Sie nicht kennen.* Nehmen Sie die Botschaft in sich auf, die er Ihnen geschickt hat und gehen Sie nach vorne - mit Freude und Begeisterung. Lassen Sie sich durch das Problem nicht umwerfen. Im Zusammenhang Ihres ganzen Lebens kann das, was Sie heute als eine grausame Tragödie beurteilen, ein - wenn auch schmerzliches - Unglück sein, das sie etwas lehren sollte. Heben Sie den Blick von dem Schachspiel, das Sie umnebelt hat, und entspannen Sie sich. Bewundern Sie die Perfektion der Natur und geben Sie Gott Ihre ganze Existenz hin. Das Schlüsselwort heißt 'HINGEBEN'. Ein Leben in Einheit mit der Liebe ist der einzige unfehlbare Balsam, der Ihnen einen Sinn gibt für die größten Niederschläge, der Wunden heilt, Sorgen, Furcht, Zorn, Schuldgefühle und Traurigkeit verschwinden lässt und sie in Frieden verwandelt."

Während ihr Mann sprach, hatte Frau Yolza die Bibel genommen und eine Passage gesucht, um das von ihm Gesagte zu unterstützen. Bei der ersten sich bietenden Gelegenheit las sie:

„Groß ist der Frieden für den, der Seine Gesetze beachtet. Für ihn gibt es kein Unglück" (Psalmen, 119, 165). Und dann: *„Quält Euch nicht mit irgendwelchen Problemen. Gebt sie Gott im Gebet hin, bittend und Ihm dankend. Dann wird Er Euch seinen Frieden geben, einen Frieden, der größer ist, als der gewöhnliche Mensch verstehen kann, einen Frieden, der Eurer Herz und Eure Gedanken überfluten wird ... "* (Brief an die Philipper 4, 6).

Die Stimme von Helena Yolza hob sich nicht nur durch ihre Weichheit und ihren angenehmen Klang ab, sie hatte sogar eine noch größere Überzeugungskraft als die ihres Ehemannes, falls das überhaupt möglich war.

„Ich frage trotzdem weiter", insistierte Papa, den Aspekt des Themas aufnehmend, der ihn am meisten beschäftigte. „Braucht man unbedingt eine Religion, um mit dem Schöpfer in Verbindung zu stehen?"

„Jeder kann in Harmonie mit Gott treten, aber wenn man das in der Art des Freidenkers macht, wird diese Harmonie nur vorübergehend sein. Der Mensch kann sich aufgrund seiner Natur, mit dem Bösen experimentieren zu wollen, nicht alleine führen. Die Begierden bedürfen eines Gesetzes, das ihnen Zügel anlegt. Ohne ein solches und ohne spirituellen Führer sind Menschen, bis hin zu den schlimmsten Mördern, im Stande, ihre schlechten

Taten zu rechtfertigen, in der Überzeugung, sie seien gut vor dem Angesicht Gottes. Eltern müssen im Schoß ihres Heimes eine Religion vermitteln. Es gibt keinen größeren Unsinn, als seinen Kindern zu erlauben, erst einmal erwachsen zu werden, um sie dann zu wählen. Die spirituelle Entwicklung ist ein langer Prozess des Lernens und Reifens, und genau wie bei anderen *Wissenszweigen* darf der Beginn ihres Studiums nicht bis ins höhere Alter verschoben werden. Das wäre genau so absurd wie zu warten, bis die Kinder Erwachsene sind, damit sie sich selbst ihre Grundschule aussuchen können!"

Es herrschte plötzlich Stille, bewegungslos, aber mit intensiven Schwingungen beladen.

Heute, beim Niederschreiben all jener Ausführungen, verstehe ich sie als etwas völlig Normales und Offensichtliches. Damals aber war es für unsere ganze Familie dermaßen unangenehm, diese Konzepte zu hören, wie für einen jugendlichen Analphabeten, der ohne zu lesen leben gelernt hat, ein Vortrag sein muss, den man ihm hält, damit er seine intellektuelle Zurückgebliebenheit verstehen lernt. Ich erinnere mich genau, dass eine Zeitlang niemand sprach. Ich war in Gedanken versunken. Das waren keine Worte, um sie so nebenbei zu hören und zu verstehen. Sie waren gemahlenes Gold, ein Explosivstoff, eine kräftige, nahrhafte Speise, die ganz plötzlich Mägen füllte, die aufgrund des Fehlens von Nahrung gelähmt waren.

Schließlich unterbrach mein Vater das Schweigen. Er räusperte sich und hob ein wenig die Hand, als er sagte:

„Das alles ist sehr gut. Aber ich fühle mich einfach nicht würdig, mich an Gott zu wenden."

Das Ehepaar Yolza zögerte einige Sekunden. Es war Frau Yolza, die als Erste das Wort ergriff:

„Dieses Gefühl muss mit der Wurzel ausgerissen werden. Denken Sie einfach, dass Gott die *personifizierte bedingungslose Liebe* ist. Er hat gewollt, dass Sie alleine gehen, um stark zu werden und in Freiheit zu wachsen, aber das bedeutet nicht, dass Sie *alleine* sind, auch wenn sie fallen. Stürze lehren und stärken uns, und Er wird Ihnen Ihr Fallen nicht vorwerfen. Vielleicht haben Sie Fehler begangen. Und sind ein schlechter Vater, ein schlechter Ehemann gewesen. Vielleicht haben Sie ungerechtfertigte Dinge gesagt. Und es unterlassen, das Richtige zu tun. Aber was ist so schlimm daran, dass es Sie zerstören darf? Es gibt kein perfektes menschliches Wesen! Niemand werfe den ersten Stein, Herr Doktor Hernández. Für unsere Handlungen, gute und schlechte, bekommen wir stets den angemessenen Lohn, manchmal sofort und manchmal erst Jahre später. Daran ist nichts Schändliches, weil wir **am Lernen und Wachsen sind**. Das

ist Gottes Plan! Wenn Er uns wegen unseres *Curriculums*, das wir im Leben absolviert haben, lieben würde, gäbe es kein einziges menschliches Wesen, das seine Liebe verdienen würde. Verstehen Sie das bitte! Unsere Werke werden auf alle möglichen Arten belohnt oder bestraft werden. Gott interessieren nicht die menschlichen Fehler, sondern das Herz, die Bescheidenheit, die Reue, der Glaube. Wenn Sie etwas Schlechtes tun, werden Sie die Folgen erleiden und basta, aber das Erleiden der Strafe aufgrund der Verletzung von Gottes Gesetzen schließt niemanden von seiner Liebe aus. Gott kennt Sie sehr gut, Doktor, und er liebt Sie mit allen Ihren Fehlern, er liebt Sie mit Ihrer Vergangenheit, welche das auch immer sei. *Er ist die Liebe und Er hat seine Arme für Sie geöffnet."*
Mein Vater senkte den Blick. Er schien durch die letzten Argumente berührt worden zu sein.
„Und es gibt noch etwas", vervollständigte Direktor Yolza. „Gott möchte, dass Ihr Heim wiederhergestellt wird, weil Er es ist, der die Familie geplant und organisiert hat. Er hat sie entworfen, nicht Sie. Wenn etwas mit Ihrem Heim schlecht läuft, wenden Sie sich an den Erbauer. Wenn ein komplizierter elektronischer Apparat auseinanderfällt, wenden Sie sich gewöhnlich an den Fabrikanten, um ihn wieder in Funktion setzen zu lassen. Machen Sie das Gleiche jetzt auch. Und Sie müssen nicht fortgehen, um Ihn zu suchen, weil Er es ist, der zu Ihnen kommt (Apokalypse 3, 20). Hören Sie aufmerksam hin und schauen Sie nach, wer an der Tür klopft. Solange Sie weiterhin alle Zeichen missachten, die Er Ihnen gibt, werden Sie wie der verlorene Sohn sein, der irregeführt worden und ins Unglück gestürzt ist. Nur wer Gott annimmt und an Ihn glaubt, wird sein Erbe sein können (Johannes 1, 12). Öffnen Sie Ihm jetzt die Tür, und Er wird mit Ihnen speisen, und Sie mit Ihm". Er machte eine kleine Pause, um den Worten die Gelegenheit zu geben, bis in die Tiefe unseres Inneren vorzudringen, und fügte hinzu: „Wenn nicht der Herr Ihr Haus erbaut, arbeiten alle Bauarbeiter vergeblich (Psalmen 127, 1)."
Unsere Körperhaltungen waren recht ähnlich und sonderbar: den Blick mit starren Augen zu Boden gerichtet, nervöse Finger und leicht gekräuselte Lippen. Wie war es nur möglich gewesen, so viele Jahre in solchem Mangel zu leben?
Yolza ließ einige Sekunden aus Respekt vor unserer meditativen Versunkenheit verstreichen und kündigte dann in einem Tonfall vertrauensvoller Unterstützung an, was wir machen würden.

„Die einzige Weise, Gott gegenüberzutreten, ist, mit Ihm zu sprechen. Ihm unsere Qualen und Freuden hinzugeben. Ihn wie einen ganz, ganz ungewöhnlichen Freund zu behandeln. In starken Heimen ist das gemeinsame, laute Gebet eine Selbstverständlichkeit. Es gibt kaum etwas, das die Familie tiefer vereinigen und transformieren kann. Sind Sie bereit, mit uns jetzt einen Versuch zu wagen?" Niemand antwortete.

„Gut", sagte er, unser Schweigen als Zustimmung nehmend. „Nehmen wir uns an den Händen und schließen wir einen Kreis um den Tisch herum. Ich werde beten, und Sie alle verstärken geistig mein Gebet, jeder auf seine Art. Dann wird meine Frau folgen, danach Laura, Frau Hernández, Gerardo und am Ende Sie, Herr Doktor."

Im Raum konnte man erneut eine gewisse Unsicherheit spüren. Ich befand mich zwischen meinen Eltern, und obwohl mich der Vorschlag nicht begeisterte, suchte ich die Hände von beiden und ergriff sie fest. Sie halfen weder mit, noch weigerten sie sich. Der Kreis schloss sich durch unsere Hände und bildete eine Einheit, und Direktor Yolza begann, mit einer solchen emotionalen Kraft zu sprechen, wie wir sie bisher bei ihm noch nicht kennen gelernt hatten.

Instinktiv senkten wir alle fast gleichzeitig unsere Köpfe, als wenn sich rangniedere Soldaten an einen General wendeten.

„Gott. Wir sind hier versammelt, um Deinen Trost zu suchen. Jeder von uns möchte Dir etwas sagen. Dir sagen: Vater, ich fühle mich nicht in der Lage, mein Leben und meine Probleme alleine zu regeln. Ich bin erschöpft von so vielem Leid. Lass mich in Dir ausruhen. Ich brauche Hilfe. Ich gebe Dir heute aus ganzem Herzen meinen Geist, meine Seele, mein Leben hin. Ich bin Dein, ich bin hier mit offenem Herzen für Dich, um Dich zu empfangen, damit sich in allen Bereichen meines Lebens Dein Wille manifestieren kann und meine Schritte lenkt. Ich möchte Dich auch meiner Familie geben, damit Du mit Deinem heilsamen Balsam unsere Wunden schließt und uns stärkst in Deiner Liebe. Lass mich wissen, was ich tun muss, um mit Dir gemeinsam ans Werk zu gehen. Ich bin bereit, Herr: verfüge über mich."

Yolzas Gebet berührte mich in einem solchen Maß, dass ich ein Bedürfnis zu weinen verspürte und mich gleichzeitig ein Gefühl von Ruhe und Entspannung umflutete. Ich verstand, wenn sich Gott auf irgendeine Weise in menschlichen Wesen manifestierte, dass es auf solche Weise sein würde. Seine Frau setzte das Gebet fort.

„Gott, guter heiliger Vater. Wir sind eine kleine Gruppe Deiner Kinder, die sehr Deines Friedens und Deines Verzeihens bedürfen. Danke dafür, dass wir Deine Anwesenheit und Deine unendliche Liebe spüren und die enorme Ruhe, die plötzlich unsere Seelen überrascht. Wir wissen, dass Du gegen uns keinen Groll hegst, dass Du unsere Irrtümer und sogar fehlerhaftes Verhalten Dir gegenüber verzeihst. Wir möchten nicht länger taumeln und stürzen. Wir haben erkannt, dass unser Leben in großer

Distanz zu Dir schmerzhaft ist und unnütz vergeht. Nimm uns ganz in Deine Hände und führe uns für immer, Vater. Wir sind Dein."
Ich dachte, der Prozess würde unterbrochen werden, als Laura und anschließend Mama an die Reihe kamen, aber ich hatte mich geirrt. Das Gebet meiner Schwester war kurz, aber kraftvoll.
„Ich kenne Dich, Gott. Vor langer Zeit habe ich aufgehört, mit Dir zu sprechen, aber ich glaube, dass Du mich immer noch liebst ... Weil unsere ganze Familie noch einmal zusammen ist ... Lass nicht zu, dass wir uns trennen. Beschütze Mama und Papa. Danke."
Meine Mutter zögerte länger, das Gebet aufzunehmen. Ihre Stimme war ungewöhnlich schwach und stockend.
„Hilf mir zu akzeptieren, was passiert ist ... ", ein leichtes Abbröckeln ihrer Töne unterbrach sie, aber sie erholte sich wieder. „Es ist nicht leicht, schwanger zu werden, einen Sohn zur Welt zu bringen, ihn zu erziehen, ihn aufwachsen und anschließend auf diese Weise sterben zu sehen ... Wenn ich Schuld daran gehabt habe ... verzeih mir bitte ... und gib mir den Frieden wieder, bevor auch ich sterbe ... Hilf mir bitte ... " Dann wurde ihr Klagen so laut und heftig, dass niemand glaubte, sie würde auch nur noch ein einziges Wort herausbringen, aber sie kontrollierte sich zumindest so viel, dass sie fortfahren konnte. „Saúl ist vor dem Druck geflüchtet, ein Junge zu sein. Es heißt, Männer müssten stark, zu allem fähig, unverwundbar und hart bis hin zur Selbstverleugnung sein. Ich glaube, dass Saúl mit all dem niemals einverstanden war. Er war sehr sensibel. Deshalb hat er sich davongemacht. Nimm ihn in Deine Arme auf. Gib Du ihm das, was wir ihm nicht haben geben können ... Ich gebe ihn Dir hin ... Herr."
Und ihre Stimme erstickte im Fluss ihres Wehklagens.
Mama hatte während des Begräbnisses nicht geweint. Ihre Verweigerung der Anerkennung der Realität hatte während der letzten drei Wochen einen Druck aufgestaut, der einfach zu viel war. So erlebten wir auf beeindruckende und herzzerreißende Weise, wie sie sich nun in Schluchzen und Jammern auflöste, aber niemand rührte sich.
Die Reihe des Gebetes setzte sich fort. Sie war jetzt an mir. Meine Abneigung gegen die ganze Theologie hatte sich in Durst verwandelt, Durst auf den lebensspendenden Saft, den uns Gott anbietet. Trotzdem stockten mir die Worte, und ich konnte kaum sprechen.
„Wir, die wir hier sind, sind am Leben. Das hat einen Grund, nicht wahr? Bitte hilf uns zu verstehen, warum ... Du hast einen Plan für jeden von uns. Lass ihn uns bitte wissen ... Unsere Ohren sind jetzt offen für Deine Stimme. Sprich zu uns, Herr ... "
Papa räusperte sich, bevor er begann. Seine Hand, die meine gefasst hielt,

drückte mich sehr fest. Er wollte sich Gott mitteilen, aber genau wie Mama konnte er nur leise und gebrochen sprechen.
„Vater unser, der Du bist im Himmel ... "
Er hielt inne. Niemand setzte das Gebet fort, das er begonnen hatte.
„Ich möchte Dich lediglich bitten ... dass Du meinem Sohn sagst, dass ich ihn liebe."
Er begann zu weinen.
„Sage ihm, ich würde mein Leben geben für das Wissen, dass er mir vergeben hat. Niemand hat mir beigebracht, ein Vater zu sein. Das rechtfertigt natürlich nicht die Dummheiten, die ich begangen habe, weil man es schließlich niemandem beibringt ... Aber ich möchte Dir sagen, wenn Du mir die Gelegenheit gibst, mein Leben wiederherzustellen, werde ich die gleichen Fehler nicht noch einmal mit meinen beiden anderen Kindern begehen. Und wenn meine Frau es erlaubt, werde ich sie umarmen, küssen und mit ihr meine Probleme und Freuden teilen ... Mein Gott, auch ich hatte keinen guten Vater ... und glaube mir, dieser Mangel hat mir mein ganzes Leben geschadet ... Gib mir bitte eine neue Möglichkeit, Herr. Gib mir den Frieden zu wissen, dass Saúl jetzt meine Art sehen kann, auf die ich ihn liebe. Letztendlich habe ich an nichts anderes gedacht. Als er klein war, beteten wir gemeinsam. Wie und wann kam es, dass ich aufhörte, ihn zu unterweisen? Ich war so dankbar zu sehen, wie er die Teile des *Vaterunsers* allmählich lernte und sich ungeschickt mit der linken Hand bekreuzigte. Mein Kind ... mein Sohn. Es war so wunderbar, ihn zu haben ... Niemand kann sich die Pein vorstellen, mit der mich die Erkenntnis quält, dass er nicht mehr hierher zurückkehren wird. Mein Gott. Du kennst die Schmerzen, die ich erleide, seit Saúl fort ist ... Ich erinnere mich, wie er anfing, seine ersten Schritte zu machen. Er lachte und breitete die Arme aus, um das Gleichgewicht zu halten. Ich erinnere mich, dass er nicht einschlafen wollte, ohne dass ich ihm eine Geschichte erzählt hätte. Ich erinnere mich an den Kleinen, der mir tausend Fragen stellte, die ich nicht beantworten konnte. Ich erinnere mich, dass er ungewöhnliche Steine sammelte, mit den kleinen Figuren in der Schneekugel sprach, weinte, als er seine ersten Prüfung in der Sekundarstufe wiederholen musste, und später, ganz plötzlich, habe ich ihn verwirrt, aufrührerisch gegen seine Familie, seine Schule, aber vor allem gegen seinen unfähigen Vater erlebt, und dann, Herr, ich träume davon, sah ich ihn sich langsam in der Luft drehend, mit seinem Gürtel am Hals aufgehängt."
Seine Stimme verlor immer mehr an Lautstärke und Klang. Mein Vater war eine einzige offene und eitrige Wunde, ein Wesen, das vom Gewicht des Schmerzes erdrückt wurde, ein lebloser Körper, erstickt durch die giftigen

Gase der Traurigkeit. Ich brauchte nicht den Kopf zu heben, um ihn anzusehen. Es war unnötig, weil man seine Betrübnis wie eine Brise Säure in der Luft spüren konnte.

„Ich erinnere mich daran, wie ich seinen kalten Körper umarmte ... ", setzte er fort mit einer Stimme, die nicht die seinige war, „so, als ob er noch nach dem Tod meine Haut spüren könnte, die er zu Lebzeiten niemals gespürt hatte. Herr, obwohl es spät war, wollte ich ihn um Verzeihung bitten und ihm zu verstehen geben, dass ich ihn liebe und niemals gewollt habe, dass er fortginge ... Sage Du ihm das bitte. Und vor allem, verzeih mir. Wenn ich jetzt meine Handlungen im Rückblick betrachte, kann ich erkennen, dass Du mir vor dieser Tragödie viele Zeichen gesandt hast. Du hast mich gewarnt, dass ich dabei war, die Dinge schlecht zu machen, Dich mir auf tausend verschiedene Arten mitgeteilt ... aber ich vermochte Dich nicht zu hören. Ich musste durch diese schreckliche Erfahrung hindurch, um zu verstehen, dass Du in jedem Moment zu uns sprichst. Durch die Menschen, die wir kennen, durch Dinge, die wir erleben, durch Geschriebenes, das in unsere Hände gelangt. Lass mich das Zerstörte wieder aufbauen, und ich verspreche Dir, dass ich niemals mehr leicht dahinleben werde, dass ich bis in die unbedeutendsten Ereignisse die Botschaften suchen werde, die Du mir schickst. Aber vor allem, dass ich für meine beiden Kinder der Vater sein werde, den sie bisher nicht hatten, der Vater, den ich auch nicht hatte, Herr ... Und für meine Frau ... der Mann, den sie braucht ... Der Ehemann, von dem sie irgendwann einmal aufgehört hat zu träumen, ihn jemals zu haben ... "

Ich hatte nicht gemerkt, dass der Kreis sich geöffnet hatte, weil wir alle unsere Hände brauchten, uns die Gesichter zu säubern. Mama stand auf und ging zu Papa, ein Meer von Tränen vergießend. Papa erhob sich, um sie in seine Arme aufzunehmen. Ich sah, wenn auch verschwommen, mit welcher Kraft sie sich umarmten. Laura näherte sich ihnen und legte die Arme um sie. Ich tat das Gleiche. So blieben wir eine lange Zeit, unseren Schmerz und unsere Zärtlichkeit miteinander verschmelzend, aber auch unsere Energien vereinend. Es war die enge und warme Umarmung von vier Menschen, die sich brauchten und so sehr liebten, dass sie zwischen Seufzern und Schluchzen die erneuernde Erfahrung machten, auf diese Weise die authentische Wärme der Liebe Gottes zu spüren. In jener Nacht starben wir alle und wurden wiedergeboren.

Nach diesem spirituellen Erwachen änderte sich unsere Sicht der Dinge radikal. Zusammen zu beten wurde zu einer Gewohnheit und Notwendigkeit.

Danach war es niemals mehr so wie vorher.

VORWORT IM NACHWORT

Die Konzepte der „DRINGENDEN BOTSCHAFT ZUR FAMILIÄREN WEITERENTWICKLUNG" retteten nicht nur meine Familie vor der völligen Auflösung. In kleinerem oder größerem Maße nahmen alle Eltern, die am Kurs teilgenommen hatten, neue Verhaltensweisen an, wodurch viele Heime neugeboren wurden. Ich bin der getreueste Zeuge davon, dass es durch vollständige und gewissenhafte Anwendung der fünf Gesetze möglich ist, eine gespaltene Familie wiederherzustellen. Ich sah, wie sich der Segen der Konzepte unter meinen Schulkameraden ausbreitete und erstaunliche Resultate erbrachte.
Seit damals habe ich mich ein ums andere Mal gefragt, wie diese Welt wohl aussähe, wenn man in großem Maße verbreiten könnte, was Schulleiter Yolza in seinem Seminarzyklus unterrichtet hatte.
Sahian beendete die Oberstufe mit mir zusammen, und Yolza war unser Examens-Pate.
Wir haben ihn seitdem nicht mehr gesehen.
In jenem Sommer schlug Vater vor, unser Haus zu verkaufen und aufs Land zu ziehen, um neu anzufangen. Ich musste Sahian zurücklassen, Laura ihre Freundinnen und Mama Tante Lucy. Wir akzeptierten seinen Vorschlag trotzdem, weil wir wussten, dass unser Opfer klein war im Vergleich zu seinem: Er verließ einen enormen Patientenstamm, den er sich während vieler Jahre Arbeit erworben hatte, eine äußerst lukrative Stellung in einem Spezialkrankenhaus und dadurch eine finanzielle Sicherheit, die man nicht leicht aufgibt, wenn man fünfzig Jahre alt ist und eine Familie zu ernähren hat.
Wir schlugen uns die Schuldgefühle aus dem Kopf, die jeden von uns in mehr oder weniger großem Maße in der Vergangenheit belastet hatten und ließen sie völlig beiseite. Wir kauften ein neues Haus, neue Möbel und gewöhnten uns in eine andere Umgebung mit anderen Menschen ein.
Meine Beziehung mit Sahian war schwierig und stets gefährdet. Während vieler Jahre mussten wir uns damit zufriedengeben, uns zu schreiben. Wir machten einige Male Schluss, aber versöhnten uns immer wieder. Unsere Liebe wuchs ohne drängende Eile, heftige Leidenschaft oder vorzeitige Sinnlichkeit. Das gab ihr die Kraft, später das Gewicht eines Heimes zu tragen.
Erstaunlicherweise erreichte Papa mit Leichtigkeit etwas, das er sein ganzes bisheriges Leben für unmöglich gehalten hatte: seinen Beruf auszuüben und gleichzeitig Zeit zu haben, mit uns zusammenzuleben. Er gab seine Träume auf, die Welt retten zu wollen und organisierte die Prioritäten seines Lebens auf eine solche Weise, dass seine Familie den

ersten Rang einnahm. Ich bin mir absolut sicher, dass es der kranken Menschheit deshalb nicht schlechter ging. Natürlich sank unser finanzielles Niveau etwas, aber in dem neuen, so unterschiedlichen Heim bemerkten wir kaum das Fehlen von Luxus.
Durch unseren neuen Lebensstil hatten wir nur wenige Streitigkeiten. Die heftigste, an die ich mich erinnere, ereignete sich, als ich die berufliche Richtung ankündigte, die ich studieren wollte. Wenn es etwas gab, das Vater Schwierigkeiten machte, dann war es die Anerkennung meiner *Autonomie* in Bezug auf diese Entscheidung. Er hatte immer gewollt, dass sein Erstgeborener Kinderarzt würde. Da Saúl für immer von uns gegangen war, ich somit als Hoffnungsträger seiner väterlichen Wünsche übrig blieb, versuchte er mich mit allen Mitteln umzustimmen.
„Ein Examen in Literaturwissenschaften wird dir nicht ermöglichen, bequem zu leben", sagte er zu mir. „Du wirst gleich viel oder sogar noch mehr als in anderen Berufen arbeiten müssen und trotzdem nicht die finanziellen Möglichkeiten erreichen, derer sie sich erfreuen."
Seine Versuche waren vergeblich. So, wie er im Schatten des ätherischen Körpers seines toten Sohnes beschlossen hatte, seine väterlichen und ehelichen Fähigkeiten zu stärken, so hatte ich mich vor der ätherischen Gegenwart meines Bruders entschieden, Schriftsteller zu werden.
Seit damals sind viele Jahre vergangen, und ich fürchte, zugeben zu müssen, dass Papa in gewisser Weise richtig lag, aber auch er muss anerkennen, dass ich recht hatte: Weder konnte ich meiner Familie Reichtümer geben, noch haben wir im Überfluss gelebt, aber jedes Mal, wenn ich schreibe, erlebe ich die enorme Erfahrung, mich meinen eigenen Herausforderungen zu stellen. Ich glaube, das Zweite ist mir mehr wert als das Erste.
Außerdem unterstützt mich Sahian. Sie hat gelernt, mit einem zerstreuten Mann zu leben, der häufig mitten in der Nacht aufsteht, um das, was er geträumt hatte, aufzuschreiben.
Dieses Buch ist die wichtigste Arbeit meines Lebens. Als ich es abgeschlossen hatte, war meine erste Aktion, Tadeo Yolza zu suchen. Ich wünschte mir, dass er mir seine Sichtweise dazu gab und das Vorwort zu meinem Werk schriebe.
Es war ebenso viel seines wie meines.
Sahian und ich besuchten unsere ehemalige Oberschule, in der Hoffnung, ihn dort anzutreffen. Wir wären beinahe augenblicklich wieder umgekehrt, als wir dort eine imposante Universität vorfanden.
Seine Tochter Ivette, mittlerweile eine stattliche Frau geworden, empfing uns in einem Privatzimmer in der Verwaltung. Ich hatte Angst, ihr Vater könnte bereits verstorben sein, und erinnerte sie nervös an meine

Geschichte, von der sie auch nicht einen Hauch verstand.
„Papa kommt selten hierher", sagte sie uns. „Sein letzter Besuch war vor sechs Monaten. Wegen einer Lungenerkrankung kann er nicht mehr in dieser Stadt leben."
Ivette gab uns die Adresse, wo wir ihn finden könnten, aber meine Frau und ich hatten nicht die nötigen finanziellen Mittel, um eine Reise dorthin zu unternehmen.
Also schickte ich ihm das Buch über einen privaten Versanddienst.
Ich wartete wochenlang auf seine Antwort.
Schließlich fand ich mich damit ab, dass das Werk kein Vorwort haben würde, also kein von Yolza persönlich geschriebenes, und ich hatte auch kein Interesse mehr daran, dass es überhaupt eines hätte.
Zu guter Letzt kam es gestern doch noch, auf demselben Wege, den ich benutzt hatte, um ihm das Buch zu schicken. Ich befand mich außer Haus, meinen üblichen Literaturunterricht an der Höheren Schule für Zeitungswesen haltend. Bei meiner Rückkehr erwartete mich Sahian ungeduldig, um mir die Überraschung zu geben. Ich ärgerte mich nicht über sie, als sie mir gestand, sie hätte die Spannung einfach nicht aushalten können, den Umschlag geöffnet und den Inhalt gelesen.
„Es ist ein kleiner Brief dabei", berichtete sie mir, „in dem er dir gratuliert und dir das Beste wünscht, und außerdem das, um das du ihn gebeten hast."
„Das Vorwort?"
„Ja und nein."
„Wie ... ?"
„Er hat eine Einleitung zu deinem Werk geschrieben, die jedoch so ungewöhnliche Ideen enthält, dass es mir unangebracht erscheint, wenn sie am Anfang stehen würde. Wenn du wünschst, dass deine Leser in vollem Ausmaß die Tiefe der Worte Tadeo Yolzas verstehen, dann empfehle ich dir, sie ans Ende und nicht an den Anfang des Buches zu stellen."
„Ein Vorwort als Nachwort ... ?"
Sie zuckte die Achseln.
„Gut ... Warum nicht?"
Nachdem ich es gelesen hatte, wurde mir klar, dass das wirklich das Beste war. Sahian hatte wie des Öfteren recht. Und wenn nicht, hatte ihre Meinung wieder einmal größeres Gewicht für mich und gab über die gewöhnlichen Parameter der Dinge hinaus den Ausschlag.

Ein Phänomen, welches oft bei verliebten Ehepartnern eintritt.

EINFÜHRUNG

An dem Tag, als Jesus in Jerusalem einzog, kurz vor dem Höhepunkt seiner irdischen Aufgabe, kam er auf einem kleinen Esel geritten, so, wie es die Propheten vorhergesagt hatten. Die Bewohner der Stadt empfingen ihn mit lauten Hurra-Rufen und großem Beifall, singend und den Messias preisend.

Beim Lesen dieses Buches kam mir jene kleine Geschichte in den Sinn. Mir ging durch den Kopf, dass es in unserer Gesellschaft viele Menschen gibt, die gerne applaudieren, ohne zu wissen warum, und sonderbarerweise machen sie das stets, indem sie auf den Esel schauen.

Anders ausgedrückt: Wenn ein Weiser auf den Mond zeigt, heben gewöhnliche Menschen den Blick, um seinen Finger zu betrachten.

Geschätzter Leser: Begehe nicht diesen Fehler.

Du hast ein Buch vor dir, mit mehr als nur Worten geschrieben, etwas Wichtigeres als das literarische Gebilde, die Struktur der Ideen und die Verfassung von Konzepten. Es ist eine Arbeit, die unter Verzicht entstanden ist. Spontan. Aus der Tiefe des menschlichen Herzens, kraftvolle Elemente vereinend und das *Ich* aus dem Mittelpunkt herausnehmend. Das verwandelt es meinem Urteil nach in den Esel, auf dem Jesus geritten kam. Sei aufnahmebereit und schaue hinter die geschriebenen Wörter. Und wenn du die Botschaft empfängst, pass auf, wem du applaudierst.

Die Rufe, die dein Leben erreichen, werden von Sphären jenseits deiner Vorstellungskraft aus gelenkt.

Es ist sicher, dass dieser Text in die Hände desjenigen fallen wird, der ihn am meisten braucht, selbst wenn er sich dessen nicht bewusst ist.

So arbeitet das Gesetz der *Kausalität oder Ursache* (*causalidad*), nicht das des *Zufalls* (*casualidad*)). Alles geschieht aus einem Grund.

Es hat einem Grund, dass genau du es hast. Nicht deine Eltern, deine Geschwister, dein Ehepartner oder deine Kinder.

Sei bescheidenen Herzens und denke, wenn auch nur für einen Moment, es seien lediglich einige Blätter Papier und es gäbe Milliarden Menschen, in deren Besitz sie hätten gelangen können.

Dann wirst du leicht annehmen, es handele sich um ein zufälliges Ereignis. Aber wenn es doch nicht so wäre? Wenn es wirklich einen göttlichen Plan gäbe, der genau im richtigen Augenblick die Elemente in dein Leben bringt, die dir fehlen? Kehre jener Möglichkeit nicht den Rücken zu.

Dieses Buch ist kein Roman, den man an einem Wochenende durchliest und dann vergisst. Ich bin Zeuge dafür, dass die Geschichte, die in ihm berichtet wird, wahr ist. Aber die Geschichte ist nur der Zeigefinger. Und

wenn du nicht aufmerksam bist, zieht womöglich der Mond unbemerkt an dir vorüber.
Wahrscheinlich bringt dich seine Struktur dazu, es schnell zu lesen, ohne dass du es vermeiden könntest, so, wie der Durstige ein Gefäß bis zum letzten Tropfen Wasser eilig leert, ohne zu atmen. Aber wenn deine Neugier erst einmal gestillt ist, kehre zum Anfang zurück und wiederhole die Lektüre, um sie besser analysieren zu können.
Behandle dieses Zeugnis nicht wie einen schönen Roman aus einem Schaufenster. Verwandele es in dein ganz eigenes Arbeitshandbuch. Unterstreiche, schreibe darüber, stochere herum, fasse zusammen, vertiefe ohne Bedenken, analysiere genau jede Idee und bringe sie zur Anwendung. Extrahiere aus den Seiten Sätze, die du im Gedächtnis behalten kannst und nimm dir vor, sie im Alltag mitzunehmen.
Ein tiefer Geist wird nicht nur die kraftvolle, uralte Weisheit, die in vielen Sätzen enthalten ist, entdecken, sondern in ihnen auch einen wahrhaftigen persönlichen Ruf erkennen.
Wenn ein Dummkopf Wahrheiten wie die hier enthaltenen entdeckt, brüstet er sich stolz, sie schon zu kennen, und legt sie zur Seite, aber wenn ein intelligenter Mensch sie hört, schweigt er, selbst wenn er sie bereits vorher schon gehört hat, und die Worte werden ihm jedes Mal etwas Neues sagen.
Wenn sie sich in deinen Händen befinden, nimm sie nicht auf die leichte Schulter.
Eigne sie dir erst selbst an und teile sie danach mit anderen. Gib sie deinen Angehörigen weiter. Dein Heim wird nicht aus einer einzigen Person gebildet. Deshalb studiere sie mit jedem der Mitglieder deines Hauses. Schenke sie Familien, von denen du weißt, dass es ihnen schlecht geht.

Wenn du einmal gefragt wirst, was du mit dem gemacht hast, das Gott dir geschenkt hat, wirst du sagen können, dass du es nicht nur für dich gehortet hast.
Lebe ein Leben des Dienstes. Wenn Du nicht lebst, um zu dienen, dann bist du auch für das Leben nicht von Nutzen.
Um der Erste zu sein, wirst du der Letzte und der Diener aller sein müssen.
Du hast viel in deinem Haus und für dein Haus zu tun.
Und das Allerwichtigste ist, du kannst heute damit anfangen.
Schiebe es nicht weiter auf.

Tadeo Yolz

Phylos der Tibeter
Hier teilt sich der Weg

Phylos der Tibeter ist eine fantastische Reise durch die Zeit und den Raum. Zum einen eine Zeitgeschichte und zugleich spirituelle Heldensage. Der Reisende durchquert die Jahrtausende und Zivilisationen im Laufe seiner Wiedergeburten – von der mysteriösen Zeit auf Atlantis bis hin zur heutigen Zeit.

Eine außergewöhnliche Geschichte, die dem neugierigen Leser den Weg zeigt, der zum einen sehr wissenschaftlich ist und zum anderen die verborgenen Wege der Seele erklärt. Das mysteriöse Buch von Phylos gegeistert seit über einem Jahrhundert mehrere Generationen von Lesern, so auch Albert Einstein, John F. Kennedy, John Lennon, Linda + Paul McCartney, Shirley McLaine, Admiral Byrd, Erich von Däniken, Elisabeth Haich und viele andere. Edgar Cayce überprüfte die Angaben von Phylos und bestätigte sie.

Gibt es ein Leben nach dem Tod?
Was ist Karma?
Besitzen wir alle eine Schwesterseele?
Gibt es einen Himmel?
Was ist das Nirvana?
Gab es Atlantis?
Wo lag es?
Welche Technologie besaßen die Atlanter?

Dieses Buch beantwortet auf zeitlose Weise die Fragen nach dem Sein und dem Sinn des Lebens. Phylos beschreibt sein Leben auf Atlantis, die hochentwickelte Technologie der Atlanter, ihr politisches System und ihre Handelsgeschäfte. Doch er begeht einen schwerwiegenden Fehler. Später, wiedergeboren im 19. Jahrhundert, muss er seinen alten Fehler begleichen ...

Doch lesen Sie selbst die spannende Geschichte von Phylos dem Tibeter!

Bestellungen unter: www.hesper-verlag.de · Tel. 06 81 / 83 19 043

Autor: Phylos the Thibetan
Verlag: Hesper-Verlag
Übersetzung: Sabine Glocker

Seiten: 448, Hardcover
ISBN: 978-3-00-021706-7
Preis: 24,90 Euro

Der Wunderbaum Moringa
Ein Vitamingeschenk von Mutter Natur

„Moringa ist wirklich ein faszinierender Baum – er schafft es sogar, Bakterien zu töten! Im alten Indien wurde er auch ‚Wunderbaum' genannt. Man muss sich vorstellen: Um einen Liter Wasser bakterienfrei zu machen, braucht man gerade mal 1/10 Gramm Moringa-Samen..."

(Ranga Yogeshwar in der SWR-Sendung „Die große Show der Naturwunder" vom 1. November 2007)

Gibt es eine Heilpflanze gegen fast alle körperlichen Beschwerden? Ja! Das Zauberwort heisst „Moringa". Doch der eiweißreiche „Wunderbaum" aus Indien und dem Himalaya birgt noch weit mehr Überraschungen – und derart viele hochdosierte Vitamine und Mineralien, dass er mittlerweile Biologen in aller Welt fasziniert. In diesem Buch erfahren Sie alles Wissenswerte über das ayurvedische Lebenselixier!

Bestellungen unter: www.hesper-verlag.de · Tel. 06 81 / 83 19 043

Autoren: Erwin G. Bruhns
Hans-Peter Zgraggen
Verlag: Hesper-Verlag

Seiten: 80, Softcover
ISBN: 978-3-9812259-1-4
Preis: 9,95 Euro

Die 6 Tibeter
Oder warum man durch „OM" gesund wird

Torsten Schütz will in diesem Buch die Geheimnisse lüften, auf die sich die unglaublichen Heilkräfte von Bewegungen aus der Meditation begründen. Es liefert ein auf geistes- und naturwissenschaftlichen Studien begründetes Erklärungsmodell für die vielfältigen, teils mystisch anmutenden Wirkungen, die den meditativen asiatischen Künsten nachgesagt werden.

Der Autor stellt das Üben mit den „6 Tibetern" der alten mystischen Geistesschulung zur höheren Erkenntnis, wie sie in Europa lange Zeit nur in Geheimbünden gelehrt wurde, gegenüber und gibt sogar eine detaillierte Anleitung zu der Ausbildung dieser inneren Kräfte.

Bestellungen unter: www.hesper-verlag.de · Tel. 06 81 / 83 19 043

Autor: Torsten Schütz
Verlag: Hesper-Verlag
Seiten: 184, Softcover

ISBN: 978-3981225976
Preis: 14,90 Euro

Die Sonnendiebe

Wenn Menschen, die zu viel wissen, sterben, dann gibt es eine Geschichte, die es Wert ist, erzählt zu werden.

»Die Sonnendiebe« ist so eine Geschichte, und die Mutter der Autorin war eines ihrer Opfer – eine Insiderin, die bei der US-Marine in genau jene Geoengineering-Programme involviert war, die uns heute in weiten Teilen der Welt den Himmel verschleiern.

Cara St. Louis-Farrelli hat einen Roman erschaffen, der messerscharf an der Realität entlang schneidet: Fiktion, die Lücken füllt, dort wo das Militär seinen »Streng Geheim«-Stempel einsetzt.

In diesem Roman, der im englischen Original den Titel »Crosswalk – The Sun Thief« trägt, wird die Heldin in die Welt der Protagonisten dieses Dramas entführt. Auf der Suche nach dem Grund für die Ermordung ihrer Mutter gewinnt sie immer mehr die schmerzliche Erkenntnis, dass sich an den Folgen des Geoengineerings die Zukunft unserer Zivilisation entscheiden wird.

In der Absicht, diesen dramatischen Entdeckungen weiter auf den Grund zu gehen, trifft sie auf die Militärs der alten Schule, die sich den verheerenden Plänen der Rüstungsgiganten gegenübersehen; und auf Wissen-schaftler, die nicht mehr wissen, ob sie dabei helfen, das Klima zu retten oder die neuesten todbringenden Chemiewaffen zu testen. Sowie auf die Piloten, die sich ungewollt an Bord der Chemtrail-Flieger wiederfinden – den Traum vom Fliegen im Herzen, den Albtraum allen Lebens in ihren Tanks.

Bestellungen unter: www.hesper-verlag.de · Tel. 06 81 / 83 19 043

Autor: Cara St. Louis-Farrelly
Verlag: Hesper-Verlag
Softcover

ISBN: 978-3-943413-09-0
Preis: 19,90 Euro

HESPER-VERLAG

OB PHYLOS, DER TIBETER, DER WUNDERBAUM MORINGA ODER DIE ENTSCHLÜSSELUNG DES UNIVERSUMS:

BÜCHER VERÄNDERN DIE WELT!

Hesper-Verlag
Danziger Straße 28
D-66121 Saarbrücken

Tel. +49 (0) 681 - 83 19 043
info@hesper-verlag.de
www.hesper-verlag.de

Hesper